에린 키산 Erin Kissane

웹사이트를 위한
콘텐츠 전략

THE ELEMENTS OF CONTENT STRATEGY
By A Book Apart
Copyright © 2011 by Erin Kissane
Korean Translation Edition © 2012 by Webactually Korea, Inc.

이 책의 한국어판 저작권은 저작권자와의 독점 계약으로 웹액츄얼리코리아(주)에 있습니다.
저작권법에 의해 한국 내에서 보호를 받는 저작물이므로 무단 전재와 복사·복제를 금합니다.
이 책 내용의 전부 또는 일부를 사용하려면 반드시 저작권자와 웹액츄얼리 북스팀의 서면 동의를 받아야 합니다.

웹사이트를 위한 콘텐츠 전략

초판 인쇄 2012년 7월 20일
초판 발행 2012년 7월 30일

지은이 에린 키산
옮긴이 강유선

펴낸곳 웹액츄얼리코리아(주)
주소 서울 서초구 반포동 721-2 모모빌딩 B1
전화 (02) 542-0411
팩스 (02) 541-0414
웹사이트 books.webactually.com
페이스북 fb.com/webactually
트위터 @webactually

교정·교열 이현숙
편집디자인 커뮤니케이션 꾼

가격 14,000원
출판 등록 제321-251200900217호
ISBN 978-89-963498-4-6 03560

잘못되거나 파손된 책은 구입하신 곳에서 교환해드립니다.

TABLE OF CONTENTS

1   CHAPTER 1
기본 원칙

14   CHAPTER 2
콘텐츠 전략의 기술

44   CHAPTER 3
도구와 기법

82   CONCLUSION
맺음말

84   BONUS TRACK
콘텐츠 전략, 어떻게 시작할까?

88   감사의 글

90   참고자료

96   인덱스

출간에 앞서

독자 여러분, 안녕하세요? '아름다운 웹사이트 만들기' 시리즈의 세 번째 책, 《웹사이트를 위한 콘텐츠 전략》을 소개합니다. 여러분 중에는 '아름다운 웹사이트'에 왜 콘텐츠 전략이 필요한지 의아해하시는 분도 있을 것이라고 생각합니다. 여러분이 어떤 생각으로 이 책을 손에 넣었든 상관없습니다. 이 책을 가진 것만으로도 복잡하게 얽혀 있던 웹사이트의 '콘텐츠' 만들기가 술술 풀릴 테니까요.

콘텐츠 전략은 글로벌 웹디자인계에서 최근 급부상하고 있는 분야 중 하나입니다. 제프리 젤드먼Jeffrey Zeldman도 An Event Apart 컨퍼런스에서 기조 연설을 통해 콘텐츠 전략의 중요성에 대해 강조했습니다. 저희 웹액츄얼리 역시 이런 흐름을 잘 알고 있었기 때문에 창립하면서 '콘텐츠 기획팀'을 두었습니다.

콘텐츠 전략에 종사하는 사람은 어떤 사람일까요? 과연 IT업계 종사자만 해당되는 것일까요? 참고로 이 책의 저자인 에린 키산Erin Kissane은 현재 콘텐츠 전략 컨설턴트 회사인 브레인트래픽Brain Traffic사의 편집장을 맡고 있습니다. 그녀는 콘텐츠 전략가이기 이전에 웹사이트를 만드는 디자이너, 개발자를 위한 웹 매거진 〈A List Apart〉의 편집자였습니다.

그렇다면 이 책은 편집자를 위한 것이냐고 묻고 싶을 것입니다. 아닙니다. 이 책에서 말하는 콘텐츠 전략은 웹사이트 기획자, 정보설계사, UI 전문가를 비롯해 운영 관리 종사자에게도 해당됩니다. 이 책에서 에린 키산은 그녀만의 글쓰기 재주를 동원해 콘텐츠 전략을 어떻게 활용하는지에 대해 설명합니다.

브레인트래픽사의 CEO인 크리스티나 할버슨 Kristina Halvorson은 콘텐츠에 대해 "다루기 힘든 사나운 맹수"라고 표현했습니다. 클라이언트의 요구에 맞춰 웹사이트를 제작하다 보면 말 그대로 사나운 맹수를 다룰 때처럼 손이 많이 가고 겁도는 것이 콘텐츠입니다. 하지만 에린 키산에게는 이것이 문제가 되지 않습니다. 크고 작은 여러 프로젝트를 진행하며 다양한 콘텐츠 전략을 다루는 방법을 충분히 경험했기 때문입니다. 이 책에는 그녀의 숙련된 콘텐츠 관리법이 담겨 있습니다.

콘텐츠 전략에서 가장 중요한 것은 다른 분야와 잘 협업하여 공통된 목적을 이루는 것입니다. 웹디자이너, 웹개발자는 물론, 기획자를 비롯해 마케터, 편집자, 작가, 정보설계사, 데이터베이스 관리자 등과 함께 작업해야 합니다. 원활한 작업을 위해서는 개개인의 성격과 인맥이 중요할 수도 있습니다. 하지만 업무적으로 맞닥뜨리는 문제들을 완벽하게 막아낼 수는 없습니다.

이 책의 머리말에서 크리스티나 할버슨이 말한 것처럼 여러분이 업무 중에 길을 잃고 헤맬 때 캄캄한 동굴 안을 환히 밝혀주는 횃불과 같은 존재로 이 책을 활용하셨으면 좋겠습니다.

웹액츄얼리 북스팀

저자 인사말

《웹사이트를 위한 콘텐츠 전략》을 한국어로 출간하게 되어 매우 기쁘게 생각합니다. 콘텐츠 전략은 최근 웹에서 새롭게 떠오르고 있는 분야입니다. 콘텐츠 전략은 어디서 시작되었으며, 왜 중요할까요? 그리고 콘텐츠 전성시대란 과연 무엇을 의미하는 걸까요? 이 책은 콘텐츠 전략을 어떻게 세울 것인가 뿐만 아니라, 어떻게 해야 콘텐츠 전략을 잘 세울 수 있는지에 대해서도 알려줍니다. 간략하면서도 전문적으로 설명한 이 가이드는 콘텐츠 전략의 뿌리를 찾는 데 큰 도움이 될 것입니다.

제프리 젤드먼 Jeffrey Zeldman 과 에린 키산 Erin Kissane

We are pleased to present the publication of The Elements of Content Strategy in Korea. Content strategy is the web's hottest new thing. But where did it come from? Why does it matter? And what does the content renaissance mean for you? This brief guide explores content strategy's roots, and quickly and expertly demonstrates not only how it's done, but how you can do it well.

Jeffrey Zeldman and Erin Kissane

Erin Kissane
web: incisive.nu
twitter: @kissane

Jeffrey Zeldman
web: www.zeldman.com
twitter: @zeldman

머리말

"도구를 다루는 방법은 우리 손에 달려 있습니다. 우리 모두 앞으로 다가올 도전에 항상 대비해야 합니다."

에린 키산 Erin Kissane, 'Attack of the Zombie Copy'

콘텐츠는 다루기 힘든 사나운 맹수와도 같습니다. 리서치를 비롯해 어떤 콘텐츠가 좋은지 선택하고, 만들고, 배열하고, 수정하고, 일정을 세우는 등 해야 할 일이 아주 많기 때문입니다. 게다가 이러한 작업들은 콘텐츠 발행을 생각하기 전에 해야 합니다. 어떤 레이아웃이 콘텐츠에 가장 잘 어울릴지, 어떤 정렬이 적합할지, 어떤 형태를 갖출지, 어떤 플랫폼을 쓸지, 또한 론칭 후의 계획이나 리소스 부족, 프로젝트 관련 이해관계자와의 커뮤니케이션 정리 등 신경 써야 할 일이 산더미 같지요. 침대 밑으로 숨어버리고 싶다고요? 그 심정 충분히 이해합니다.

이처럼 다루기 힘든 맹수 같은 콘텐츠라 할지라도 이 책의 저자인 에린 키산에게는 전혀 두려운 대상이 아닙니다. 저자는 지금껏 콘텐츠 다루는 법을 훌륭히 터득해왔습니다. 여러 규모의 프로젝트를 진행하면서 수많은 디자이너, 개발자, 사용자 경험 디자이너 UXer, 마케터, 편집자, 작가 등과 협업을 했습니다. 여러분이 어떤 역할을 맡든 저자는 여러분이 하는 일을 충분히 이해하고, 그 일이 왜 중요한지 알려줄 것입니다. 또한 콘텐츠 전략이 어떻게 우리의 삶을 편하게 하고, 더 멋진 서비스를 만드는 데 얼마나 보탬이 되는지 잘 이해할 수 있도록 도와줄 것입니다.

얼마 전 저는 '콘텐츠 전략을 위해 횃불을 들고 일어서라'는 내용의 기사를 썼습니다. 이제 이 횃불을 높이 들고 나아가세요. 그리고 더 나은 콘텐츠를 만들겠다는 의지로 여러분의 작업에 당당해지세요. 《웹사이트를 위한 콘텐츠 전략》이 당신의 길을 밝혀줄 것입니다. 자, 이제 그만 침대 밑에서 나와 할 일을 해치우는 게 어떨까요.

《웹 컨텐츠 전략을 말하다 Content Strategy for the Web》의 저자이자
브레인트래픽 Brain Traffic 의 CEO, 크리스티나 할버슨 Kristina Halvorson

들어가는 글

"콘텐츠 전략은 정보 설계로 작성된 원고를 디자인하는 것입니다."

레이첼 러빈저 Rachael Lovinger

"콘텐츠 전략은 콘텐츠의 제작과 발행은 물론이고, 유익하고 쓸 만한 콘텐츠를 계획해나가는 과정입니다."

크리스티나 할버슨 Kristina Halvorson

웹 업계에서는 사람들에게 의미 있는 정보를 전달하는 것은 무엇이든 '콘텐츠'라고 부릅니다.

모든 웹사이트는 콘텐츠를 가지고 있습니다. 회사의 웹사이트가 3페이지로 구성되었다면 관리자는 1명이면 충분합니다. 하지만 수많은 온라인 정보를 담고 있다면 모든 정보를 넓은 관점에서 보고, 어떤 콘텐츠로 사용자와 커뮤니케이션할지 책임질 사람이 필요합니다. 어떤 커뮤니케이션 방식이 가장 적절한지, 누가 실행할지 등을 결정하는 사람으로, 일종의 편집장이나 항공 관제사의 역할과 같습니다. 우리는 이들을 콘텐츠 전략가라고 부릅니다.

지난 몇 년간 콘텐츠 전략의 중요성과 가치에 대해서는 블로그와 기사, 책을 통해 자세히 소개해왔습니다. 하지만 대개 단순하고 반복적인 내용이었습니다. 이 책에서 말하는 콘텐츠 전략은 다음과 같습니다.

- 소비자에게 정말 필요한 콘텐츠가 무엇인지 이해하고 그에 알맞은 콘텐츠를 제작하도록 돕는다.

- 장기적인 관점에서 보았을 때 현실적이고 오래 지속되며 효과적인 콘텐츠 발행 계획을 수립한다.

- 중복되거나 불필요한 콘텐츠 발행을 줄여 비용을 절감하는 동시에 기존 자산의 효과를 증대시킨다.

- 여러 매체를 넘나드는 커뮤니케이션을 관리할 때 웹콘텐츠, 출판물, 소셜 미디어 관계, 내부 지식 관리 등이 일관되게 동일한 목표를 갖도록 한다(물론 각 매체에 적합한 접근법을 취하면서).

- 웹 프로젝트 진행 시, 양질의 콘텐츠 제작에 드는 시간과 노력을 과소평가해 프로젝트가 지연되는 사태가 발생하지 않도록 주의한다.

위와 같은 콘텐츠 전략은 사실 시작에 불과합니다. 콘텐츠 전략이라는 분야는 아직 초기 단계인데, 인터넷이 우리의 삶과 사업방식에 끼치는 거대한 영향력의 일부만을 경험했을 뿐입니다. 콘텐츠 전략은 나날이 발전하고 있습니다. 전 세계 기업과 조직들이 빠르게 확장되는 온라인 커뮤니케이션을 위해서는 콘텐츠 전략이 필요하다는 것을 절실히 깨닫고 있기 때문입니다. 지구가 혹성과 충돌하여 멸망하지 않는 한 이 트렌드는 변치 않을 것입니다.

이 책의 내용

이 책에서는 콘텐츠 전략의 중요성에 대해서는 논하지 않습니다. 지침서, 워크북, 결과물을 늘어놓지도 않습니다. 국문학과를 졸업한 후 어떤 과정을 거쳐야 연봉 1억원을 받을 수 있는지도 알려주지 않습니다. 그렇다고 콘텐츠 작업에 대해 저자가 알고 있는 모든 내용을 완벽하게 요약한 것도 아닙니다. 이 책에서는 다음과 같이 콘텐츠 전략의 핵심 원칙, 특징, 참고할 만한 실행 예제를 세 장으로 나누어 소개합니다.

- 1장 '기본 원칙'에서는 공유되어 있는 콘텐츠 전략의 가치에 대해 나열합니다.
- 2장 '콘텐츠 전략의 기술'에서는 콘텐츠 전략에 전적으로 도움을 주고 있는 분야의 전문 지식을 탐구합니다.
- 3장 '도구와 기법'에서는 콘텐츠 전략에서 일상적으로 사용하는 접근법, 방법론, 결과물을 생생하게 보여줍니다.

여러분은 이 책을 간단한 안내서나 소질 있는 멘토 자문단을 소개하거나, 혹은 보급품이 담겨 있는 사물함 열쇠처럼 여길 것입니다. 여러분이 원하는 어느 부분을 찾아 읽기 시작하거나 책을 덮어도 괜찮습니다. 이 책 뒷부분에는 추가적인 예제와 참고자료가 준비되어 있습니다. 책을 다 읽은 후에는 소란스러울 정도로 활발하게 이뤄지고 있는 온라인 콘텐츠 토론에도 참여해보세요.

저는 프로젝트를 진행하다 막히거나 글을 쓰다가 막막할 때 대안을 찾기 위해 뒤적이는 책이 몇 권 있습니다. 다른 것을 시도해볼지, 업무를 평가하는 데 적용할 기준은 무엇인지, 앞에 있는 장애물을 달리 바라볼 수는 없는지 등을 찾아보곤 합니다. 이 책이 여러분에게 그와 같은 존재가 된다면 저로서는 크나큰 성공입니다.

자, 그럼 시작해봅시다.

기본 원칙

콘텐츠 전략에는 고객이나 프로젝트를 위한 계획을 세울 때 바로 써먹을 수 있는 매뉴얼이 없습니다. 여기서는 효과적인 콘텐츠를 만드는 데 무엇이 필요한지, 어떤 콘텐츠가 반응이 좋은지, 무엇이 좋은 콘텐츠를 만들어내는지에 대한 핵심 원칙을 소개하고자 합니다. 이 장은 이러한 원칙을 바탕으로 합니다.

사용자와 상황에 적합하다

사용자와 비즈니스의 목적에 맞는 콘텐츠를 만들어라

좋은 콘텐츠의 원칙은 단 하나밖에 없습니다. 사용자와 비즈니스, 그리고 상황에 적합해야 한다는 것입니다. 적절한 전달 방식과 구조를 갖고 있어야 하며, 무엇보다 취지에 맞는 콘텐츠여야 합니다. 콘텐츠 전략은 이러한 요소들이 프로젝트에 어떤 의미를 부여하는지, 현 시점에서 콘텐츠를 어떻게 만들어나갈 것인지를 결정합니다.

사용자에게 (그리고 상황에) 맞는 콘텐츠

잠시 '제임스 본드'를 떠올려보세요. 영화 '007'에서 제임스 본드는 똑똑하고 용감하며 매력적이기까지 하지만, 뒤에서 그를 받쳐주는 최강의 지원팀이 없었다면 죽을 고비를 몇 번 넘기지 못하고 사라지는 비운의 주인공이 되었을 것입니다. 그가 악당에게 쫓길 때면 지원팀은 매끈하게 잘 빠진 애스턴마틴 DB5 스포츠카를 보내줍니다. 또 본드가 정체 모를 아름다운 여인에게 독살당할 위기에 처하면 스프링식으로 장전되는 최신식 해독제를 가져다주지요. 그는 늪에서 악어에게 쫓기다 도망쳐 나온 후에도 샤워와 면도를 마친 말끔한 모습에다 완벽한 수트까지 차려입고 나타납니다. 누가 그에게 그렇게 하라고 지시를 했거나 본드 스스로 시간을 들여 준비했을까요? 아닙니다. 누군가가 본드에게 필요한 것을 예상하고 적시에 적절히 전달한 것입니다.

콘텐츠 역시 사용자의 목적 달성에 도움이 될 때만이 적합하다고 할 수 있습니다. 특히 사용자가 중요하다고 여기는 부분에 대해 충분한 정보를 제공하여 이해를 돕고, 필요한 것을 알맞은 형식으로 원하는 타이밍에 정확히 보여줄 수 있어야 가장 적합하다고 할 수 있습니다. 이 모든 것을 만족하려면 사용자가 무슨 생각을 하고 어떤 감정을 느끼는지, 사용자의 조건에 맞춰 마음속 깊이 이해하고 있어야 합니다.

사용자의 속마음을 파악하려면 앞뒤 상황을 잘 알아야 합니다. 이는 단순한 접근 기법이나 목적을 일일이 이해하는 것보다 더 중요한 일입니다. 콘텐츠 전략가인 대니얼 에이잔스 Daniel Eizans는 사용자의 상황에 따른 의미 있는 분석이란 단순히 사용자의 목적을 이해하는 것뿐만 아니라 사용자의 행동도 이해하는 것이라고 했습니다. 여기서 말하는 사용자의 행동은 사용자가 무엇을 하고 있는지, 사용자가 어떻게 느끼고 있는지, 사용자가 할 수 있는 것은 무엇인지 등을 포함합니다(그림 1 참고).

이는 쉽게 생각해볼 수 있는 개념입니다. 주말에 119 구급차에 실려 응급실로 달려가는 상황은, 평일 낮에 가벼운 알레르기 증상이 있어 의사를 찾아가는 것과 다릅니다. 새벽 3시에 지하철 노선을 보는 것은 내일 출퇴근 시간에 이용할 지하철이 있는지 궁금한 게 아니라, 지금 당장 운행하는 열차가 있는지 알아보기 위해서일 것입니다. 또 스마트폰으로 어떤 회사를 찾고 있다면 그 회사의 연간 보고서가 필요해서가 아니라 연락 정보를 찾기 위해서일 테지요. 아무리 리서치를 잘해도 모든 사용자의 입맛을 완벽하게 맞출 수는

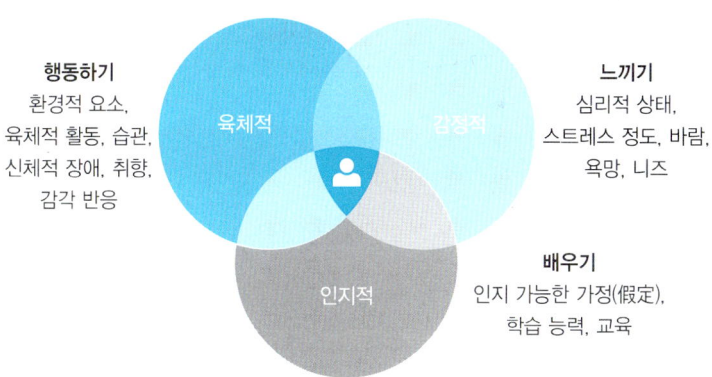

그림 1: 사용자의 상황은 행동, 제약, 감정, 인지 정도 등을 포함하므로 사용자가 콘텐츠에 대해 반응하고 받아들이는 방식에 영향을 미칩니다.
《개인 행동의 맥락: 사용자 페르소나》, ⓒ대니얼 에이잔스, 2010
앤드류 힌턴 Andrew Hinton이 작성한 다이어그램을 수정함. http://bkaprt.com/cs/1/[1]

[1] 긴URL: http://www.slideshare.net/danieleizans/context-as-a-content-strategy-creating-more-meaningful-web-experiences-through-contextual-filtering

없겠지만, 사용자가 원하면 더 많은 정보를 접할 수 있도록 다양한 옵션을 제공해야 합니다.

비즈니스에 적합한 콘텐츠

콘텐츠는 지속 가능한 방식으로 비즈니스 목적을 달성할 수 있도록 도울 때 가치를 발휘한다고 할 수 있습니다. 비즈니스 목적의 예를 들면 '매출 증가', 'IT 서비스의 질 향상', '교육자료 출력 비용의 감소' 등이 있습니다. 그리고 그 목적을 이룰 수 있는 비결은 지속 가능한 과정을 이용하는 것입니다.

지속 가능한 콘텐츠란, 과도한 비용을 지출하거나 직원들을 닦달하지 않고도 콘텐츠의 질을 떨어뜨리지 않으면서 제작과 유지가 가능한 콘텐츠를 말합니다. 이러한 콘텐츠를 위한 노력은 당연한 것처럼 들릴 수 있습니다. 하지만 실제로 주변에서 콘텐츠를 유지 보수하는 것을 보면 수많은 콘텐츠를 제작하는 계획을 기세등등하게 내놓는 것을 쉽게 볼 수 있습니다. 장기적으로 드는 노력과 관리를 고려하지 않고 말입니다.

기본적으로 '비즈니스에 적합하다'는 말과 '사용자에게 적합하다'는 말은 같은 의미입니다. 읽고, 보고, 듣는 사람이 없다면 콘텐츠는 무의미할 테니까요. 사용자의 니즈에 대한 고려 없이 만들어진 콘텐츠는 이를 만든 회사에도 도움이 되지 않습니다. 자신의 니즈를 무시당한 사용자는 떠나기 마련입니다.

비즈니스에 적합한 콘텐츠를 만든다는 것은 사용자의 니즈를 만족시키는 데 흘린 땀이 나중에 더 값진 보상으로 돌아온다는 것입니다. 사용자의 니즈를 만족시키지 못한다면 그것은 곧 우리의 손실이나 다름없습니다.

좋은 콘텐츠는 실용적이다

각각의 콘텐츠가 담고 있는 명확하고 구체적인 목표를 정의하라
콘텐츠가 목표에 맞게 구성되었는지 살펴보라

지루하고 혼란스럽고 짜증나는 콘텐츠를 제작하고 싶은 사람은 아마 없을 것입니다. 하지만 웹에는 허황되고 쓸모없는 콘텐츠가 넘쳐나는 것이 현실입니다. 이런 종류의 콘텐츠는 객관적이지 않고 시간과 돈 낭비일뿐더러 사용자와 비즈니스의 목적에 적합하지도 않습니다.

각 페이지나 모듈, 섹션에 적합한 콘텐츠인지 알아보기 위해서는 콘텐츠의 기획 의도를 잘 알아야 합니다. 의도가 구체적일수록 좋은 결과를 낳습니다. 다음에 제시된, 제품과 관련된 내용의 예를 살펴보고 각 콘텐츠가 의도한 목적을 알아봅시다.

- '제품을 팝니다' – 무의미할 정도로 매우 모호해서 입소문만 겨우 낼 수 있을 정도입니다.

- '이 제품을 팝니다' – 제품을 판다는 것은 제품의 장점 찾기, 그 장점을 특징화하기, 결과와 가치 입증, 판촉하기 등 여러 가지 작은 업무들로 이루어진 하나의 과정입니다. 목적이 모호하다면 이러한 업무나 콘텐츠가 제대로 효과를 발휘할지 장담할 수 없습니다.

- '이 제품의 좋은 점을 나열하고 증명합니다' – 우리가 콘텐츠를 통해 실제로 설명할 수 있는 부분입니다. 하지만 이 제품으로 혜택을 얻을 사용자가 누군지 모른다면 구체적으로 표현하기 어렵겠지요.

- '이 제품이 전문 간호사에게 어떤 도움을 주는지 보여줍니다' – 만약 전문 간호사에게 필요한 것을 찾을 수만 있다면 그 목적에 맞는 콘텐츠를 만들 수 있을 것입니다(제품을 팔기 전에 그들이 필요로 하는 것을 모른다면, 이는 콘텐츠 제작보다 더 심각한 문제입니다).

이제 프로젝트에 필요한 콘텐츠를 위와 같은 예에 적용해보면서 점검하세요. 점검하고 나면 필요한 내용이 담긴 꽤 유용한 체크리스트를 얻게 될 것입니다. 이 작업이 부담스럽게 느껴진다면 목적 없는 콘텐츠를 평가하고 제작하고 수정하는 작업이 얼마나 힘들지 한 번 떠올려보시기 바랍니다.

좋은 콘텐츠는 사용자 중심적이다

사용자가 인지 가능한 방식을 택하라

웹 프로젝트에서 사용자 중심적인 디자인이란, 최종 서비스가 사용자의 니즈와 요구 사항을 충족한 것을 의미합니다. 다시 말해, 웹사이트맵이나 조직도만 그려주던 방식의 시대는 이제 지났습니다.

인지 과학자 도널드 노먼(Donald Norman)은 《디자인과 인간 심리(The Psychology of Everyday Things)》에서 서비스를 만들기 전에 사용자의 인지 모형(Mental Model)[2]을 이해하는 것이 얼마나 중요한지에 대해 강조했습니다. 사용자 중심적인 디자인 시스템에 대해 그는 다음과 같이 주장했습니다. "디자인의 역할은 첫째, 사용자가 이것으로 무엇을 할 수 있는지 알 수 있어야 한다. 둘째, 사용자가 그다음 과정을 이해할 수 있도록 해야 한다."[3]

콘텐츠에서 '사용자 중심적'이라는 말은 고객 내면의 인지 모형과 용어를 완벽하게 사용하는 대신, 사용자가 인지할 수 있도록 반영한다는 것을 의미합니다. 즉, 사용자가 세상을 바라보는 관점에서부터 그들의 특정한 용어 또는 어구를 사용하는 방식까지 포함되지요. 이 부분을 이해하려면 설명이 좀 더 필요합니다.

---

[2] 인지 모형(Mental Model): 인지언어학의 가설 체계로 언어의 구조는 인간이 세계를 어떻게 인지하느냐에 따라 달라진다는 이론을 바탕으로 하고 있습니다.
[3] 도널드 노먼 지음, 이창우 옮김, 《디자인과 인간 심리》 학지사, 1996

간단한 예를 하나 들어보지요. 미니 푸들 사진이 들어 있는 액자를 벽에 걸기 위해 망치가 필요하다고 가정해봅시다. 대형 공구점에 가서 점원에게 망치를 어디서 찾을 수 있냐고 물었더니 점원이 "건축 도구가 있는 5번 구역으로 가세요"라고 말하는 상황입니다.

"어서 오세요. 다양한 도구와 수리 공사에 관한 유익한 정보가 필요하신가요? 무엇을 도와드릴까요?"
"네. 안녕하세요. 망치는 어디에 있나요?"
"가정용 망치 말인가요?"
"네. 맞아요."
"망치의 머리가 3인치보다 작은 것을 찾는다면 9번 구역 끝에 있는 가정용 도구 칸으로 가보세요."
…
"가정용품점에 오신 것을 환영합니다. 여기는 가정용 도구와 연장 소품 코너를 결합하여 새로 오픈한 곳입니다. 설명 한번 들어보실래요?"
"저 그냥… 가정용 망치가 필요한데요."
"고급형 망치를 원하세요, 아니면 기본형에서 좀 더 고가의 모델을 보여드릴까요?"
"저기 바로 뒤쪽에 걸려 있는 망치가 제가 찾던 거예요."
"디렉토리 접근 불가. 처음으로 돌아가서 다시 검색하세요!"

자아도취적인 내용이나 그러한 유형의 콘텐츠는 보는 사람을 불쾌하게 만듭니다. 성공한 조직은 대부분 이 사실을 알고 있지만, 아직도 많은 사이트들은 내부 조직도나 사명, 이미 알고 있을 만한 내용을 어렵고 장황하게 포장하는 데만 집중하고 있습니다.

만약 여러분의 조직이 독점적으로 제품이나 서비스를 제공하고 있다면 지금은 자아도취적인 콘텐츠 제작의 결과가 피부에 와 닿지 않을 것입니다. 하지만 결국 더 사용자 중심적인 서비스나 제품을 선보이는 조직이 나타나 여러분 조직의 시장점유율과 수익을 가로

챌 것입니다.

좋은 콘텐츠는 명확하다

모든 내용을 명확히 하라

우리가 무언가에 대해 명확하다고 말하는 것은 그것이 효과를 발휘하거나 의미를 정확히 전달하는 경우를 의미합니다. 좋은 콘텐츠는 사람들이 이해하고 활용하기 쉬운 형태로 정리되어 있습니다.

콘텐츠 전략가는 사용자가 읽고 듣고 볼 수 있는 콘텐츠를 제작하며, 수정 작업을 할 때는 대부분 작가, 편집자, 멀티미디어 전문가 등과 협업합니다. 큰 프로젝트를 진행할 때면 모든 사람이 콘텐츠 제작으로 바빠서 서로 만나기 어려울 수도 있습니다. 그러나 콘텐츠가 명확하도록 돕고 싶다면 계획한 내용을 콘텐츠 제작자에게 바로 던져주기만 해서는 안 됩니다.

2장에서는 콘텐츠 제작자가 장기적으로 명확하고 유용한 콘텐츠를 만드는 데 도움이 될 만한 것들을 살펴보겠습니다. 활용도 높은 스타일 가이드와 업무 흐름도(workflow)를 만드는 방법, 글쓰기와 편집 워크숍을 운영하는 방법, 콘텐츠 템플릿을 개발하는 방법 등에 대해 설명할 것입니다.

물론, 명확성은 모든 과정에서 중요합니다. 목표 설정이나 회의, 결과물, 과정까지 이 모든 것은 명확성에서 시작됩니다.

좋은 콘텐츠는 일관적이다
논리적인 범위에서 일관성을 유지하라

사람에게 언어는 개인 간의 의사소통은 물론이고 외부 환경과 소통하는 데 필요한 기본적인 인터페이스입니다. 일관된 언어와 구성 방식은 일정한 인터페이스 역할을 하여 사용자의 인지 부담을 덜어주고 그들이 무엇을 읽든 이해하기 쉽게 만들어줍니다. 반면, 일관성 없는 콘텐츠는 사용자의 인식 범위가 넓어져서 부담스러울 뿐 아니라, 이해하기도 어렵고 주의가 분산됩니다.

그래서 스타일 가이드가 필요한 것입니다. 신문사나 편집 전문 분야에서 콘텐츠 전략 분야로 이직한 사람은 대부분 특정한 스타일을 강하게 드러냅니다. 저는 개인적으로 시카고 매뉴얼 스타일Chicago Manual Style(역자 주: 세계적으로 통용되고 있는 미국 시카고대학의 논문 작성 양식. 주로 인문학에서 많이 사용한다)을 선호하지만, 능력 있는 전문가라면 개인적인 취향보다 일관성 유지를 더 중요하게 생각할 것입니다.

그렇다고 해서 모든 종류의 콘텐츠가 항상 똑같은 일관성을 지녀야 하는 것은 아닙니다. 예를 들어 의사, 환자, 보험사를 대상으로 하는 사이트는 각각 다른 톤앤매너tone and manner의 가이드라인이 있을 것입니다.

불특정 다수를 위한 평이한 내용의 콘텐츠도 필요합니다. 이런 경우 사용자 중심으로 일관성을 지키는 것이 무난합니다. 반면 각 서비스 담당팀에게 각자 다른 종류의 콘텐츠를 제작하도록 한 경우, 사용자 중심이 아닌 내부 대상자를 위한 콘텐츠가 될 수 있어 일관성의 원칙에 어긋날 수도 있습니다.

좋은 콘텐츠는 정확하다

필요 없는 콘텐츠는 버려라

어떤 조직은 콘텐츠를 많이 제작하는 것을 선호합니다. 회사 소개 페이지에 조직도, 사명, 비전 선언문, 기업 홍보 영상을 있는 대로 담으면 해당 콘텐츠를 만드는 데 들인 시간만큼 보상받을 것이라고 믿기 때문인지도 모릅니다. 또는 매주 수십 개의 블로그 포스트를 만들어내면 작업한 콘텐츠를 구글이 검색 결과로 밀어줄 것이라고 믿기 때문인지도 모릅니다. 무수한 콘텐츠를 여러 번 제작하는 것은 문제라고 생각합니다. 어떤 것이든 퍼뜨릴 수 있다는 특성을 가졌다는 이유로 웹을 무한히 채울 수 있는 수납장이라고 생각하기 쉽습니다.

콘텐츠가 많을 때의 문제점은 무엇일까요? 우선 특정 콘텐츠를 찾기가 더 어렵습니다. 또 한정적인 리소스를 사용할수록 콘텐츠의 질이 낮아집니다. 더 심각한 문제는, 콘텐츠를 내놓는다는 것이 종종 '사용자가 정말로 필요로 하는 것 중심으로 우리가 알고 배운 것을 내놓는다'기보다 '우리가 발행할 수 있는 모든 것을 내놓는다'는 의미를 갖게 된다는 것입니다.

어떤 콘텐츠가 불필요한지 찾아내는 방법은 여러 가지입니다. 트래픽 분석, 사용자 리서치, 편집팀의 판단 등 모든 부분이 자기 역할을 해야 합니다. 불필요한 콘텐츠를 걸러내기 위해 다음과 같은 기본적인 목록으로 시작하는 것도 좋습니다.

- **사명, 비전 선언문과 핵심 가치** – 직원들이 모호한 원칙에 익숙해져서 일하고 있다면 이는 곧 직원들의 일하는 방식에서 드러날 것입니다. 여기에도 예외는 있습니다. 성과 자체가 조직의 사명이 되는 소수의 조직들입니다. 많은 자선 단체가 이 경우에 속합니다. 이런 종류의 콘텐츠는 충분한 증거 자료를 제공하는 등의 보충 작업이 필요합니다.

- **보도 자료** – 특정 대상층에게 효과적일 것입니다. 하지만 보도 자료를 앞뒤 배경 설명 없이 웹사이트에 무조건 올리는 것은 지금까지 여러 번 반복해온 실수의 전형적인 예라고 볼 수 있습니다.

- **길고 읽기 힘든 법률 페이지** – 법과 관련된 내용은 어느 정도 필요합니다. 하지만 사용자를 진심으로 생각한다면 법률 관련 내용을 장황하게 늘어놓은 부분은 조금 줄이고, 전문 용어는 변호사에게 맡겨 쉬운 말로 풀어주세요.

- **끝없는 목록** – 목록만을 나열한 대부분의 콘텐츠는 사용자에게 도움이 되지 않습니다. 이 중 일부를 서브 카테고리로 나누어 정리한다면 사용자가 쉽게 찾고 이해하는 데 도움이 될 것입니다.

- **불필요한 내용** – 비슷한 내용의 FAQ가 3개로 나뉘어 있지는 않나요? 하나로 합치거나 서로 연관성 있는 도움말로 만들 수 있는지 검토해보세요.

- **지나친 시각·음향 효과** – 사이트 첫 화면에 떠돌아다니는 로고와 함께 동영상이나 애니메이션이 등장하나요? 10분간 중요한 내용을 말하려고 30분간 장황하게 보여주지는 않나요? 지나친 효과들은 줄이거나 수정하고, 건너뛸 수 있는 기능을 제공해주세요.

사이트를 기획할 때 필요 없는 콘텐츠를 찾아냈다면 섹션, 페이지, 문장에 들어 있는 불필요한 부분까지 과감히 삭제하세요.

좋은 콘텐츠는 짜임새가 있다

계획 없이 콘텐츠를 내놓지 마라

만약 신문을 '죽은 고목나무'에 비유한다면 온라인 정보는 생생한 식물이라고 할 수 있습니다. 기원전 1만 년경에 발견한 사실처럼 식물은 목적에 맞게 잘 가꾸고 기를 때 더욱 유용합니다. 마찬가지로 콘텐츠도 반드시 가꾸고 돌봐줘야 합니다.

사실에 기반한 콘텐츠는 새로운 정보가 나올 때마다 업데이트하고 더 이상 유용하지 않다면 내려야 합니다. 또한 사용자가 올린 UGC user generated content(역자 주: 사용자가 직접 만든 콘텐츠. 사진, 비디오, 리뷰 등과 같은 콘텐츠가 상업적인 의도나 대가 없이 공유·유통된다)는 관리와 검수가 필요합니다. 속보나 사건 정보와 같이 시기에 민감한 콘텐츠라면 시간에 따라 업데이트하고 사건이 끝나면 마무리지어야 합니다. 콘텐츠 기획을 시작했다면 계획한 대로 끝까지 신경 써서 공을 들인 만큼 결과를 얻는 것이 가장 중요합니다.

말이 쉽지, 콘텐츠를 제대로 유지 보수하기는 쉽지 않습니다. 대개 콘텐츠를 기획할 때는 기존의 운영 업무도 하면서 콘텐츠를 새롭게 제작, 수정, 발행하기 때문입니다. 콘텐츠를 만들어내는 일이 시간이 많이 걸리고 복잡한 작업이라는 것을 인식한다면, 이러한 현실은 불가피한 것이 아닙니다. 직무 소개나 성과 검토, 리소스 계획 등에 이런 부분을 고려하여 반영하지 않으면 콘텐츠를 유지 보수하는 데 어려움은 계속될 것입니다.

콘텐츠에서 사람의 손길과 노력이 필요한 부분을 콘텐츠 관리 시스템이 대신해주길 바라는 것은 놀러 나가면서 새 농기구가 알아서 밭을 갈아주길 바라는 것과 같습니다. 트랙터는 말이 끄는 쟁기보다 효율적이지만 트랙터를 어디서, 언제, 어떻게 사용할지는 사람이 결정해야 합니다. 콘텐츠 관리 시스템도 마찬가지입니다.

위에서 언급한 공통 원칙과 가정(假定)은 우리가 어떻게 콘텐츠 전략에 관심을 갖게 되었든, 어떤 콘텐츠 전략을 세우든 항상 따라다닙니다. 물론 이런 원칙들이 순식간에 만들어진 것은 아닙니다. 콘텐츠 전략은 다른 분야에 비해 오래되지 않았지만 항상 존재했으며 늘 새롭게 진화해왔습니다. 콘텐츠 전략의 가능성을 비롯해 콘텐츠 전략이 단순히 '편집' 또는 '마케팅의 다른 이름'이 아닙니다. 자, 이제 우리 이론의 기반이 된 분야에 대해 살펴봅시다.

2 콘텐츠 전략의 기술

콘텐츠가 웹 프로젝트에 미치는 영향이 크다는 것은 여러 번 강조했습니다. 콘텐츠 관리는 비즈니스 전략과 밀접한 연관이 있기 때문에 특히 주의를 기울여야 합니다. 콘텐츠 전략가는 프로젝트마다 사용 가능한 리소스에 비해 늘어나는 콘텐츠 작업의 기대치를 조율하고, 콘텐츠 작업이 지연되거나 리소스 추가가 필요할 경우 관련 팀에게 알려줍니다. 또한 콘텐츠에 정치적 이슈가 있는지 살피고, 데이터베이스 설계나 시각적 디자인 작업을 확정한 후에는 전략에 따라 진행 중인 콘텐츠 작업에 미치는 영향은 없는지 생각해 봅니다. 간단히 말해 콘텐츠 전략가는 문제가 일어날 상황을 미리 감지하는 사람입니다.

계획을 세우고, 콘텐츠 프로젝트를 이끌며, 온라인 발행에 매진하는 콘텐츠 전략은 마치 위험을 선방하는 run point 것과 같습니다. '위험을 선방한다'는 말은 선두에서 전진하며 나머지 부대를 이끄는 선두

척후병point man이라는 군대 용어에서 비롯되었습니다. 미국식 영어에도 이와 유사한 표현이 있습니다. 말을 타고 앞에서 소 떼를 이끄는 '카우보이cowboy'라는 말입니다. 위키피디아에는 '선두를 이끌다take point'는 "예기치 못한 공격에 맞설 능력과 민첩함을 필요로 하는 위험한 역할"이라고 설명되어 있습니다. (http://bkaprt.com/cs/2)[1] 모두 콘텐츠 전략가를 잘 표현해주는 말입니다.

선봉대에서 팀원을 이끄는 콘텐츠 전략가는 데이터베이스 설계자, 개발자, 크리에이티브 디렉터, 프로젝트 매니저 등 프로젝트에 참여하는 다양한 사람과 함께 일합니다. 콘텐츠 작업을 이끄는 것은 물론이고 비즈니스 컨설턴트들이 말하는 '위험 관리risk management'의 역할도 합니다. 프로젝트 진행 중에 콘텐츠 전략가가 뒤늦게 문제를 발견해서 추가로 작업을 요청하거나 작업이 지연될 때가 있습니다. 이상하게 들릴지 모르지만 이는 프로젝트가 잘 돌아가고 있다는 증거입니다. 만약 누군가의 프로젝트를 망치고 싶다면 콘텐츠 자체를 다루는 편집자나 SEO(검색엔진 최적화) 전문가, 데이터베이스 이관 담당자보다는 콘텐츠 전략가를 공략하는 게 더 나을 것입니다.

콘텐츠 전략 담당자는 문제가 발생하지 않는지 예의 주시하고, 문제가 발생하면 신속히 대응할 수 있어야 합니다. 혹시 발생할지 모를 문제에 대비하는 가장 좋은 방법 중 하나는, 자신의 전문 분야가 아니더라도 스스로 배우려고 노력하는 것입니다. 즉, 콘텐츠 전략이 발전해온 다양한 분야에 대해 배운다는 것을 의미합니다.

복잡한 가계도

마케팅 전문가들은 콘텐츠 전략을 일종의 마케팅이라고 정의합니

[1] 긴 URL: http://en.wikipedia.org/wiki/Take_point

다. 어떤 사람은 개발자와 커뮤니케이션하는 것이라고도 합니다. 하지만 이는 콘텐츠 전략가에게 거의 모욕이나 다름없습니다. 지식 경영 쪽 사람들은 콘텐츠 전략에 대해 과정을 개선하고 기준을 세워나가는 방법이라고 하고, 웹편집자와 작가들은 자신들이 지금껏 해온 일이 콘텐츠 전략이라고 생각합니다. 틀린 말은 아니지만 그렇다고 아주 옳지도 않습니다. 콘텐츠 전략의 정의에 대한 의견이 분분한 것처럼, 콘텐츠 전략의 원칙은 관련 분야의 영향을 받기 쉬우며 다양한 의견이 공존하는 온라인의 특성에 맞게 변형될 수도 있습니다.

이는 우리가 콘텐츠 전략의 기원을 알아야 하는 이유이기도 합니다. 만약 스스로 자기 자신이 누구인지, 어떻게 오늘에 이르게 되었는지 알고 있다면 누구도 당신을 함부로 정의 내리지는 못할 것입니다. 이처럼 자신의 분야에 대한 기법이나 전통, 역사를 어느 정도 알고 있다면 억지로 스스로를 정의 내리기 위해 애쓰지 않아도 됩니다.

콘텐츠 전략의 기원

콘텐츠 전략은 다양한 분야의 영역이 혼합되어 있다고 볼 수 있습니다. 하지만 마치 마감 기한에 대한 압박으로 인해 쓰다 남은 부품을 급조하여 만든 프랑켄슈타인의 괴물처럼 느껴질 때가 더 많습니다. 고대 그리스신화에 나오는 머리는 사자, 몸통은 양, 꼬리는 뱀의 모습을 하고 입에서는 불을 내뿜는 키메라[Chimera]를 닮기도 했습니다(상상만 해도 끔찍하군요).

디자이너들에게 폴라 셰어[Paula Scher], 솔 바스[Saul Bass], 보도니[Bodoni], 구텐베르크[Gutenberg] 등은 신적인 존재입니다. 개발자들에게 앨런 튜링[Alan Turing], 팀 버너스 리 경[Sir Tim Berners-Lee]은 영웅과도 같지요. 이들은 공통의 원칙을 가지고 있습니다. 디자인은 소통되어야 하고, 잘 정리된 코드는 아무렇게나 짠 코드보다 훌륭하다는 것입니다.

콘텐츠 전략은 키메라처럼 염소 몸을 갖고 있지는 않지만 나름의 특징을 가지고 있습니다. 사실 몇 가지 안 되지만 각 원칙이 시사하는 바는 매우 큽니다. 더 자세히 설명하자면 책을 몇 권은 써야 하니 여기서는 영향력이 가장 큰 네 가지 영역, 즉 편집 작업, 큐레이팅 작업, 마케팅과 설득, 정보 설계를 살펴보겠습니다.

영향력 1 : 편집자

편집 작업은 콘텐츠 전략과 밀접하게 연관되어 있어 사람들은 이따금 이 두 영역의 차이점을 묻곤 합니다. 다른 분야에 있는 사람들은 콘텐츠 전략을 잡지나 신문의 편집 작업과 같은 것으로 볼 수도 있습니다. 그러나 편집자 세계에서의 콘텐츠 발행은 훨씬 더 복잡한 작업입니다.

콘텐츠 발행과 관련이 없는 분야의 사람들에게 편집자라는 직업은 매우 까탈스럽고, 독한 술을 마시고, 두꺼운 코트를 입고, 험프리 보가트[Humphrey Bogart 2]와 캐리 그랜트[Cary Grant 3]가 연기한 것처럼 독특한 구석이 있는 사람으로 연상될 수 있습니다. 혹은 학창 시절 국어 선생님에 대한 트라우마가 있는 사람은 편집자를 '엄격한' 것에 큰 가치를 두는 사람이나 우리말을 잘못 썼을 때 손바닥을 때리는 사람처럼 인식할 수도 있습니다.

---

[2] 험프리 보가트(Humphrey Bogart): 아메리칸 필름 인스티튜트가 지정한 '위대한 남자 배우 25'에서 1위를 차지한 영화배우. 미국 도시의 어두운 이면을 보여주는 냉혹한 역할을 주로 맡아 차가운 도시 남자라는 문화 아이콘으로 여겨진다.
[3] 캐리 그랜트(Cary Grant): 할리우드에서 보기 드물게 기품 있고 도시적인 영국 신사 이미지의 대표주자였던 미국 배우. 태닝한 듯 그을린 피부와 영국 억양의 능수능란한 말솜씨가 매력적이었다.

물론 편집자는 정확한 언어를 구사하기 위해 노력해야 하고, 이야기를 제대로 전달하기 위한 열정을 가져야 합니다. 하지만 현실적으로 편집 세계에서는 더 많은 능력이 필요합니다. 글을 정리하고 아이디어를 발전시키는 능력과 하나의 콘셉트를 책이나 신문, 웹사이트로 만들기 위해 협업하는 사람들을 자유자재로 다루는 능력은 당연히 있어야 합니다. 편집자는 아무렇게나 주제를 나누고 글을 써내려가지 않습니다. 그들은 주제를 발전시키고, 기승전결을 구성하고, 다른 콘텐츠나 이벤트에 대한 반응을 살핍니다. 또한, 기사나 책의 다양성을 조율하며, 작가들과 다른 콘텐츠 제작자들을 관리하는 등 많은 일을 해냅니다. 이렇듯 편집자는 잘못 쓴 글을 찾아 고치는 일 외에도 콘텐츠를 다루는 방법에 대해 배울 것이 무궁무진합니다.

콘텐츠 종사자는 사용자를 위해 일한다

콘텐츠가 사용자(주 관심사가 연예 기사든 드라마든 상관없이)의 관심을 끌어 그것을 유지하지 못한다면 게임은 끝난 것이나 다름없습니다. 편집자는 작가나 사장이 아닌 바로 독자를 위해 일해야 제 몫을 하는 것입니다.

콘텐츠 전문가들은 프로덕션과 마케팅팀, 사내 커뮤니케이션 담당 부서, 전략 기획 및 개발자 조직 사이에서 조정 역할을 해야 할 때도 있지만, 결국 모두 독자를 위해서 일합니다. 《웹 컨텐츠 전략을 말하다 Content Strategy for Web》에서 크리스티나 할버슨 kristina Halvorson 은 다음과 같이 썼습니다.[4]

> … 온라인에서 여러분의 콘텐츠만 넋을 잃고 구경하는 '포박된 수용자'는 없습니다. 그들은 뚜렷한 목적 아래 다양한 업무를 처리해야 하고, 관심이 분산되어 있

---

[4] 크리스티나 할버슨 지음, inmD 옮김, 《웹 컨텐츠 전략을 말하다》, 에이콘출판, 2010

으며, 언제든지 여러분의 사이트를 떠날 준비가 되어 있지요. 여러분의 콘텐츠가 이러한 목적을 충족시키지 못한다면 그들은 바로 떠나버릴 겁니다.

독자의 관심과 주목이 가장 중요하다는 사실은 전문 편집자에게 있어 항상 외우고 다니는 기도문과 같습니다. 다음은 어서 플러트닉 Arthur Plotnik이 쓴 멋진 책, 《The Elements of Editing》에서 제가 가장 좋아하는 구절입니다.[5]

> 편집자가 지켜야 할 단 한 가지 중요한 원칙은 독자들과 함께함으로써 독자층을 단단히 하는 것입니다. 독자층을 넓히고 그들이 즐길 수 있도록 하며, 그들의 수준을 높이고 일깨우는 것. 이 모든 일이 편집자의 책임입니다. … 작가는 자신이 말하고자 하는 주제를 알고 있습니다. 반면에 편집자는 독자층을 이해하는 전문적인 능력을 가지고 있습니다.

위대한 작가는 독자가 원하고 듣고 싶어 하는 것을 잘 알고 있습니다. 하지만 독자의 니즈와 욕구에 대한 생각을 구체화하고 증명하며 그들에게 맞는 콘텐츠를 만들어내는 책임은 편집자에게 있습니다. 우리는 이런 편집자를 콘텐츠 전략가라고 부릅니다. 결국 독자를 위해 끊임없이 노력하는 것이야말로 곧 회사의 고객과 직원을 위한 일입니다.

스토리가 중요하다

인간은 본래 타고난 이야기꾼입니다. 우리는 스토리를 만들어냄으로써 생각하고 가르치고 소통합니다. 대중의 의견을 바꿔놓는 사상가, 학생들에게 영감을 불어넣는 선생님, 선거에서 당선된 정치가, 책이나 잡지를 만들어 파는 발행인은 모두 대단한 스토리를 만들어낼 수 있습니다.

---

[5] 어서 플러트닉, 《The Elements of Editing》, New York: Collier Books, 1982, p.25

커뮤니케이션을 전문적으로 다루는 사람에게 스토리는 최후의 수단과도 같습니다. 어떤 분야의 편집자든 최고의 스토리를 들려줄 수 있는 방법을 잘 알고 있습니다. 언론이나 출판의 배경 지식을 가진 콘텐츠 전문가는 대개 스토리텔링의 기본 원리에 대해 완벽하게 알고 있습니다. 사용자를 잡아끄는 서론 구성 방식(서두에 사실을 뒷받침하는 내용이나 인용문을 넣는 등의 방식)의 기본 단계에서부터 본론 전개의 구조를 잡는 고도의 기술에 이르기까지 말입니다. 하지만 그렇지 않은 사람은 콘텐츠 전문가에게 배울 수 있습니다.

스토리텔링에 대한 이해가 부족하다면 고등학교 국어 시간에 배웠던 기본 원칙을 되새겨보는 것도 도움이 될 것입니다. 다음은 당시 배웠던 익숙한 개념들입니다.

- **역피라미드** : 일반적인 뉴스 기사에서 볼 수 있는 구조로, 가장 중요한 정보를 맨 앞에 위치시키고 덜 중요한 순으로 이야기를 전개하는 것입니다. 여기서 '중요한 정보'란 독자에게 중요하다는 것을 의미합니다. 이런 유형의 이야기 전개는 '글로벌한 비즈니스 세계는 점점 더 복잡해지고 있습니다'로 시작하는 과장된 마케팅 카피와는 정반대의 성격을 띕니다.

- **육하원칙** : 초등학교 때 이미 배웠을 육하원칙(누가, 언제, 어디서, 무엇을, 어떻게, 왜)은 작가가 스토리를 설명할 때 가장 기본이 되는 요소이기도 합니다. 만약 마케팅을 위한 카피를 쓰는 데 육하원칙을 적용한다면, 이 제품은 무엇이고 누구를 위해 만들어졌는지, 소비자가 왜 이 제품을 사야 하는지, 그리고 이 제품은 어떻게 작동하고, 언제 어디서 구매할 수 있는지에 대한 정보를 서술합니다.

- **직접 보여주기** : 제품이 얼마나 뛰어나며 어떤 신기술을 탑재하고 있는지 장황하게 설명하거나 기업의 사명이 얼마나 대단한지를 말하는 대신 결과물을 직접 보여줍니다. 결과, 통계 자료, 사례 연구, 개인 소견, 실행 계획 등을 구체적으로 보여주고 화려한 수식은 최대한 삼갑니다.

물론 이런 원칙은 시작에 불과합니다. 스토리텔링은 단순히 조언이나 속임수를 설명한 팟캐스트를 통해 배울 수 있는 것이 아닙니다. 스스로 스토리 구조를 분석하고 기법을 연습하는 과정에서 많이 배울 수 있습니다. 또한 스토리에 깊이 파고들어 읽고 관찰하며 소설가, 저널리스트, 극작가, 블로거, 마케터 등이 써놓은 좋은 이야기를 많이 보고 듣는 것이 중요합니다(이렇게 함으로써 더 나은 콘텐츠 전략가가 될 수 있음은 물론이고, 저녁식사 자리에서 재미있는 말동무가 될 수 있겠지요).

그런데 스스로 콘텐츠를 만들 것도 아니면서 왜 이런 수고를 하냐고요? 그 이유는 첫째, 대부분의 콘텐츠 전략 프로젝트는 스토리를 다루기 때문입니다. 브랜드 메시지, 포괄적인 개념, 커뮤니케이션 기획까지 모두 끊임없는 아이디어를 통해 콘텐츠에 대한 사용자의 이해를 우선해야 합니다. 두 번째 이유는, 콘텐츠 제작자를 위한 디자인 가이드나 과정을 만들 때 강력한 스토리를 만들기 위해선 스토리텔링에 적합한 도구를 제공해야 합니다. 때문에 서술 기법들을 충분히 이해하고 있어야 합니다. 세 번째 이유는, 스토리텔러에게 업무를 부탁하는 것에 있습니다. 편집 작업의 마술 중 하나는 콘텐츠 제작자를 어르고 달래거나 목을 조여서 최고의 작업을 이끌어내되, 그들이 가지고 있는 고유의 목소리와 관점이 희석되지 않게끔 하는 것입니다. 이렇게 함으로써 콘텐츠 제작자가 최고의 능력을 발휘할 수 있도록 하는 것입니다. 이 기술은 결코 쉽지 않습니다. 각자의 능력과 이를 평가하는 냉정한 안목 사이에서 균형을 잡아야 하기 때문입니다. 콘텐츠 제작자를 대할 때는 잘난 척하거나 일방적인 지시를 내리지 말고 열린 마음으로 소통하려는 노력이 매우 중요합니다.

콘텐츠 발행은 쉽지 않다

짧은 인터넷의 역사 속에서 콘텐츠 프로젝트가 어긋나는 경우는 다음과 같은 두 가지 유형을 들 수 있습니다.

- 서비스 출시에 필요한 콘텐츠가 준비되지 않아서 발생하는 콘텐츠 지연
- 진행 중인 콘텐츠의 제작, 관리, 수정, 발행 계획을 잘 세우지 못해 발생하는 프로젝트 실패. 이는 Predicate LLC사의 제프리 매킨타이어(Jeffrey MacIntyre)가 《The Day Two Problem》에서 언급한 것입니다. (http://bkaprt.com/cs/3/)[6]

이 두 가지 문제는 모두 단기적 또는 장기적인 관점에서 콘텐츠를 기획하고 제작·발행하는 데 드는 시간이나 노력, 기술, 예산 등을 충분히 이해하지 못함으로써 발생합니다. 우리는 이미 이러한 실수를 기원전 2000년부터 반복해왔고 이로부터 많은 것을 배웠습니다. 그런데 인터넷이 등장하기 전까지 콘텐츠 발행에 대한 미묘한 차이에 관심을 가진 사람은 대부분 출판인뿐이었습니다.

이제는 병원이나 도서관에서부터 부티크나 주말농장에 이르기까지 다양한 조직이 온라인 비즈니스에 뛰어들면서 콘텐츠를 다루고 있습니다. 다양하고 폭넓은 조직들이 콘텐츠를 접하게 된 것입니다. 만약 개인 블로그 수준을 넘어 실용적이고 수준 높은 콘텐츠를 만들고자 한다면 콘텐츠 제작과 검토, 수정, 발행, 성과 조사 및 지속적인 유지 보수가 들어가는 편집 과정이 필요할 것입니다(즉, 시간당 보수를 지불해야 하는 리소스가 늘어난다는 것입니다).

저는 콘텐츠 발행에 필요한 도구를 소개함으로써 팀과 고객들이 더욱 효과적으로 커뮤니케이션할 수 있도록 돕고자 합니다. 그 도구는 다음과 같습니다.

[6] 긴 URL: http://predicate-llc.com/media/presentation/the-day-2-problem-a-tour-of-editorial-strategy/

- 승인 절차와 빈틈없는 품질 확인이 **명확하게 기록된 편집 업무 흐름도**
- 사전 계획된 콘텐츠 캠페인과 주제가 있는 **편집 일정표**
- 특정 경로와 사용자층에게 맞는 콘텐츠

가장 중요한 것은 독자가 이용할 만한 콘텐츠를 주기적으로 발행하는 방법에 대해 편집자가 잘 알려줄 수 있다는 점입니다. 또한 편집자는 전문가들과 협업할 수 있는 작가를 고용하고 관리하는 법에 대해 조언해주고, 단순한 임원 소개나 연간 보고서 수준을 넘는 뛰어난 콘텐츠를 모으거나 만들어낼 수도 있습니다.

이제 고객이나 직원들은 콘텐츠 관리라는 것이 프로젝트 막바지에 웹 전문 작가를 고용해 알아서 해주기를 바라는 것보다 더 많은 노력이 든다는 것을 깨닫기 시작했습니다. 우리가 콘텐츠 전문가로서 편집 과정을 많이 알수록, 새로 변화된 온라인 콘텐츠 세계로 고객이 옮겨갈 수 있도록 도울 수 있습니다.

콘텐츠는 비싸다

유용한 콘텐츠가 비싸다는 것은 편집자들이 오래전부터 알고 있던 사실입니다. 하지만 웹 회사들이 이를 이해하기 시작한 지는 그리 오래되지 않았습니다.

책을 출간하는 데 필요한 인력 – 책임 편집장, 편집자, 교정·교열 담당자, 본문 디자이너, 표지 디자이너, 영업 마케팅팀 등 – 을 잠시 생각해봅시다. 모두 전형적인 콘텐츠 발행 과정에서 보수를 받는 인력입니다. 총무팀, 비서, 인쇄업자도 마찬가지입니다.

이제 마케팅 책임자를 생각해봅시다. 조직 내 다른 부서에서 나온 40쪽 분량의 콘텐츠를 검토·수정하고, 새로운 브랜드 가이드라인

이 모든 뉴스레터와 이메일에 적절하게 반영되었는지 확인하며, 회사의 새로운 홍보 동영상도 만들어야 합니다. 앞으로 3주 안에 해야 하는 예산 추가나 다른 업무를 제외하고도 이 정도입니다.

가능한 리소스를 고려하거나 산정하지 않은 채 세운 콘텐츠 전략의 권장사항이 성공적인 결과를 낼 가망은 없습니다. 큰 규모의 조직과 일할 때는 작업 실행을 위해 추가적으로 요구될 권장사항이 들어 있는 요약본이 필요할지도 모릅니다. 하지만 작은 회사와 일할 때는 '콘텐츠 마케팅'을 위한 작업을 위해 1주일 하고도 20시간이라는 추가 리소스 지원이 필요하다고 말할 수 없는 노릇입니다. 경우에 따라서는 주어진 예산이나 가능한 리소스 내에서 계획을 축소해야 할 때도 있습니다. 하지만 어떤 상황이든 다음과 같은 검토는 필수입니다.

- **현재의 리소스를 파악한다.** 콘텐츠 작업할 리소스가 있는가? 그들은 능력을 제대로 갖추었는가? 교육이 필요한가? 회사 내에 도움이 될 만한 다른 작가나 편집자가 있는가? 프리랜서나 새로운 직원을 고용할 예산이 있는가?

- **콘텐츠 전략을 위한 비즈니스 사례를 만든다.** 조직의 중요한 목표를 어떻게 달성할 것인가? 콘텐츠의 변경이 비효율적인 과정을 대체할 수 있는가? 그렇다면 어떤 리소스가 사용 가능한가? 영업팀을 확장하면 수익 증대에 직접적인 영향을 줄 수 있는가? 고객센터의 서비스 시간을 줄여 비용을 절감한다면 어떻겠는가? 회사의 브랜드 이미지를 높여서 새로운 비즈니스 기회를 창출할 수 있겠는가?

- **조직의 변화를 위해 고객과 관리자를 준비시킨다.** 콘텐츠 발행 기한 전에 새로운 시스템과 과정을 충분히 교육할 수 있는가? 만약 신입사원을 고용한다면 직무 해설서 작성을 도와주거나 고용 추천서를 작성해줄 수 있는가? 재능 있고 믿을 만한 프리랜서가 있는가?

결국 콘텐츠를 제작, 수정, 유지 보수하는 작업은 사람이 직접 맡아서 할 때만 가능하다는 것을 기억해야 합니다.

콘텐츠가 비싸다는 점은 이외에도 또 다른 이슈를 불러일으키지만 이 책의 범위를 넘어서는 내용이므로 여기서는 다루지 않겠습니다. 콘텐츠 전략에서 대규모 콘텐츠를 제작하고 발행하는 데에 따른 비즈니스의 세분화가 급부상하고 있습니다. 비록 많은 조직이 콘텐츠를 마케팅 또는 기금 모금의 명목으로 제작하고 있지만, 어떤 콘텐츠는 그 자체가 비즈니스인 경우도 있습니다. 콘텐츠 발행인은 물론이고, 급속도로 퍼지는 엔터테인먼트 산업을 비롯해 많은 신종 회사들이 매우 값싼 발행 도구인 인터넷의 장점을 취하여 콘텐츠 자체를 비즈니스로 제작하고 있습니다. 재정 능력이 있고 실험 정신이 가득한 콘텐츠 전문가는 이 틈새시장에 흥미를 느낄 것입니다.

영향력 2 : 큐레이터

'큐레이터^{curator}'라는 말은 '신경 쓰다, 보호하다'라는 의미의 라틴어 '큐라^{cura}'에서 유래했습니다. 본래 큐레이터는 고대 로마에서 공공 자원을 관리하던 사람을 지칭합니다. 큐레이터는 곡식이나 기름, 수로, 회계 장부, 도로 등을 각각 담당했습니다. 14세기 영국에서는 영적인 치료를 하거나 신자들을 보호하는 기독교 수도사를 가리켰습니다. 1660년대 들어서야 현재 우리가 알고 있는 '박물관, 미술관, 도서관을 관리하는 사람, 또는 책임자, 보호자 등'의 의미로 사용하기 시작했습니다. (http://bkaprt.com/cs/4/)[7]

'큐레이터'라는 용어가 변화해온 과정에 대해 예술평론가 데이비드 리바이 스트라우스$^{David\ Levi\ Strauss}$는 이렇게 말했습니다. "큐레이

---

[7] 긴 URL: http://www.oed.com/viewdictionaryentry/Entry/45960

터는 실용적인 관료와 영적인 성직자의 흥미로운 조합과도 같다."
(http://bkaprt.com/cs/5/)[8] 콘텐츠 전문가 댄 잠보니니[Dan Zambonini]는 박물관과 갤러리 큐레이터의 역할에 대해 "작품 수집과 전시뿐 아니라 작품을 보호하고 관리하는 것"이라고 했습니다. (http://bkaprt.com/cs/6/)[9]

이런 점에서 큐레이터는 콘텐츠 전략가의 업무와 일맥상통하는 부분이 있습니다. 콘텐츠 전략가는 질서 정연하게 콘텐츠를 정리하고 분류하며, 정성을 다해 콘텐츠 관리 계획을 세웁니다. 또한 콘텐츠가 가진 핵심과 진실성을 보호하고, 콘텐츠의 질이 떨어지거나 문맥이 틀어지는 것을 막습니다. 이런 흐름에서 보면 우리는 큐레이터로부터 유용한 도구나 체계, 교훈을 배울 수 있습니다.

몰입이 중요하다

지금은 고인이 된 앤 다르농쿠르[Anne d'Harnoncourt]와 2006년에 인터뷰를 가진 적이 있습니다. 그녀는 26년간 필라델피아미술관 관장을 역임한 유명한 큐레이터이자 박물관 관장인 르네 다르농쿠르[René d'Harnoncourt]의 딸이기도 합니다. 젊은 큐레이터들을 위해 조언해달라고 하자 그녀는 다음과 같이 말했습니다. "보고, 보고, 또 보세요. 그리고 다시 한 번 보세요. 예술을 이해하는 데 보는 것보다 더 중요한 것은 없습니다."[10]

우리가 다루는 콘텐츠는 대부분 예술 작품이 아닙니다. 그러나 비평가 마이클 프라이드[Michael Fried]가 '현재성[presentness]'이라고 지칭한, 큐레이터적인 관점에서의 의식적인 예술 작품 감상은 우리의 업무와 밀

---

[8] 긴 URL: http://www.artlies.org/article.php?id=1655&issue=59&s=1
[9] 긴 URL: http://blog.braintraffic.com/2010/06/curation-nation/#comment-57973136
[10] 한스 울리히 오브리스트(Hans Ulrich Obrist), 《A Brief History of Curating》, Zürich: JRP|Ringier & Les Presses du Réel, 2009, p.179

접한 관련이 있다고 할 수 있습니다.[11]

어떤 관점에서 이는 콘텐츠에 몰입한다는 것을 의미할 수도 있고, 익숙함을 넘어선 새로운 지식의 추구일 수도 있습니다. 앞서 언급한 인터뷰에서 안느 다르농쿠르는 1939년 샌프란시스코에서 열린 세계 박람회에서 그녀의 아버지가 기획한 혁신적인 전시, '미국 원주민 예술전'에 대해 이렇게 회상했습니다.[12]

> 아버지는 일생 동안 작품을 만든 작가를 이해하기 위해 진심으로 노력하셨어요. 대중에게 작품을 보여줄 때, 모래 그림Sand painting(역자 주: 인디언들의 종교적인 치유의식으로 모래에 그린 그림)이든 북서부 해안 지역에서 가져온 토템 신앙 막대기든 그 작품이 가진 의미와 의도를 최대한 살리면서 설명하려고 애쓰셨지요. … 또한 그런 작품이 아름답다거나 대단하다고 느끼지 못하는 관람객들과 진심으로 소통하려고 하셨어요.

우수한 큐레이터가 지닌 능력인 전문성, 세심함, 뛰어난 판단력은 콘텐츠 전문가에게 부담스러울 수 있습니다. 작품 '컬렉션'이 바로 콘텐츠 데이터베이스 자체이기 때문입니다. 하지만 큐레이터의 자질이나 업무 성격은 우리에게 시사하는 바가 큽니다. 콘텐츠 전문가의 역할을 잘 해내기 위해서는 콘텐츠가 만들어진(출처, 비즈니스 목적, 업무 흐름도) 상황, 그리고 그 콘텐츠가 읽히고 쓰이는(사용자의 니즈, 전달 수단) 상황을 잘 이해해야 합니다. 또한 이를 위해서는 반드시 두 영역에 몰입해야 합니다.

앞에서 말한 것처럼 현재성과 몰입이라는 큐레이터적 개념은 우리 분야와 관련 있습니다. 그 두 번째 방식은 바로 사용자에 초점을 두

---

[11] 존 월시(John Walsh)의 에세이, 《Pictures, Tears, Lights, and Seats》, 여기에는 큐레이션과 관련된 현재성의 기민한 분석이 포함되어 있습니다. 존 B. 쿠노(John B. Cuno), 《Whose Muse: Art Museums and the Public Trust》, Princeton: Princeton University Press, 2004, p.84
[12] 한스 울리히 오브리스트, 《A Brief History of Curating》, p.173

고 있다는 점입니다. 사람들은 대부분 박물관이나 갤러리에서 예술 작품을 감상합니다. 큐레이터나 전시 디자이너는 편리한 경로, 조명, 소음 제거 등 관람객이 작품을 감상하는 데 필요한 요소를 잘 알고 있습니다.

자, 이제 마티스Matisse의 작품을 보러 박물관에 들어섰다고 상상해봅시다. 작품을 가로막은 유리창에 다가가면 입김 때문에 부예지는 데다 3미터나 떨어진 곳에 작품이 전시되어 있어서 잘 보이지 않지만 일단 입장권을 구입합니다. 이미 입김 때문에 그림을 전혀 볼 수 없는 유리벽을 지나기 위해서는 이름과 주소를 적어야 합니다. 그러고 나면 신원을 증명하기 위해 신분증을 보여줘야 하죠. 이 모든 절차를 거치고 나서야 비로소 보려 했던 '그림'이 그저 작은 인쇄물이었다는 것을 알게 됩니다. 원작을 보려면 광고판으로 가득 찬 다른 방으로 가야 합니다. 드디어 방으로 들어가 원작을 보았는데, 작품 설명이 회색 배경에 좀 더 진한 회색의 작은 글씨로 쓰여 있습니다. 설명 읽기는 포기했지만 결국 작품을 보기는 했습니다.

이는 갑자기 서커스 광대가 나타나 피리를 불고 미백 치약과 다이어트 알약을 광고하는 것과 흡사한 상황입니다. 우리 주변의 무수한 온라인 콘텐츠가 이렇습니다.

온라인에서는 누구나 무엇이든 읽는다는 사실은 사용자들이 콘텐츠에 몹시 굶주려 있다는 것을 의미합니다. 이메일이나 다른 웹사이트, 그리고 삶의 여러 방해요소를 제쳐두고 생각해도 우리는 사용자들이 콘텐츠를 얻기 위해 사이트를 계속 방문할 것이라는 믿음 하나로 수천, 수만 개의 웹사이트를 만들어왔습니다. 비록 사이트가 아무리 복잡하고 짜증나며 힘들게 하더라도 말이죠. 그래도 독자들은 우리의 콘텐츠를 보려고 그러한 사이트에 들어왔습니다. 과연 이것이 우리가 할 수 있는 최선일까요? 결코 그렇지 않습니다. 복잡하고 혼란스러운 인터페이스가 훌륭한 콘텐츠의 생산과 관리를 방해하지 않도록 하는 것 역시 콘텐츠 전문가의 중요한 업무입니다.

2009년 웹 매거진 〈A List Apart〉에서 디자이너이자 편집자인 맨디 브라운Mandy Brown은 웹디자이너가 독자를 위한 여백을 만들 수 있어야 한다고 일침을 놓았습니다. 브라운은 다르농쿠르의 말을 인용하면서 디자이너 자신도 그 상황에 몰입할 수 있어야 한다고 충고했습니다.(http://bkaprt.com/cs/7/)[13]

> 디자이너로서 웹페이지의 가독성이 좋다는 것을 확인하려면 스스로 읽어봐야 합니다. 텍스트를 보고 싶도록 만드는 디자인 감각은 잠시 접어두고 찬찬히 직접 읽어보세요. 쉬운 일은 아닙니다. 하지만 웹에서 무언가를 읽고 사용자와의 공감을 이끌어내는 노력 또한 어려운 일입니다. 웹은 아직도 이런저런 말이 많은 복잡한 공간입니다. 하지만 공간에 대한 제약이 없기도 해서 독자가 읽기 편한 충분한 여백을 찾아낼 수도 있을 겁니다. 글 자체로도 독자에게 의미를 쉽게 전달하고, 그들이 글을 읽으려고 특별히 애쓰지 않아도 되는 그런 여백 말이지요.

여백과 글자 간격을 지정하는 디자인적인 사고는 사이드바의 공간이나 콘텐츠를 저해하는 광고를 줄임으로써 사용자 입장에서 일할 수 있도록 합니다. 물론 독자가 보기에 적합한 밝기와 깔끔한 여백을 주는 것도 좋습니다. 이는 콘텐츠 내용 자체에만 치중한 프로젝트보다 좀 더 총체적인 접근이 잠재적으로 더 좋은 결과를 가져올 수 있음을 보여주는 근거 중 하나입니다. 콘텐츠 전문가가 페이지 구성과 디자인 모두에 관여할 수 있다면 사용자에게 더욱 유용한 콘텐츠가 탄생할 것입니다.

[13] 긴 URL: http://www.oed.com/viewdictionaryentry/Entry/45960

사용자도 사람이다

주요 박물관이나 갤러리에서 행해지는 전시 기획 작업은 대개 이론적이지도, 딱히 큐레이터적이지도 않습니다. 큐레이터나 박물관에서 일하는 사람들은 실체가 있는 작품과 실제 공간 안에 있는 형체를 가진 사람을 다룹니다. 그리고 본능에 충실한 포유류인 그들의 관람객은 앉을 공간과 적당한 온도, 조명, 이동 수단, 마실 물, 화장실 등이 필요합니다. 규모가 큰 박물관은 작품과 관람객의 안전을 담당하는 경비원, 다국어로 정보를 제공하는 친절한 직원, 잘 정리된 안내도, 샌드위치와 커피를 즐길 휴식 공간도 필요합니다.

웹에서 우리는 간접적인 방법으로 서로를 대합니다. 박물관이나 갤러리의 관람객에 비해 우린 아직 영장류에 속하기 때문이죠. 서비스를 이용하면서 불편을 느낀다면 뭔가 보완해야 합니다. 예를 들면 나중에 다시 서비스를 이용할 수 있도록 해주는 즐겨찾기와 저장하기 기능, 바쁠 때를 위한 콘텐츠 건너뛰기, 친절한 안내와 실시간 응답을 위한 전화나 이메일, 기타 연락 수단 등이지요. 보유한 기기나 지정한 위치에서 콘텐츠를 소비할 수도 있고요.

그런데 사용자 경험을 고려하지 않았다고요? 그것은 매우 중요합니다. 콘텐츠 전문가로서 콘텐츠를 포함한 사용자 경험 디자인에 반드시 세심한 노력을 기울여야 합니다. 다시 말해, 사용자들이 웹을 이용하고 있을 때조차 화장실에 가고 싶어 한다는 사실을 충분히 인지한 채 콘텐츠를 만들고 제공하도록 노력해야 합니다.

'많은 노력이 든다'는 것은 모욕이 아니다

박물관이나 갤러리의 큐레이터는 다른 작품과 견줄 만할 대체품이 없는 고가의 명작을 다루는 경우가 많습니다. 작품을 인도받고, 설명하고, 관리하는 데에는 형식적이고 꼼꼼한 절차가 필요합니다.

이러한 절차를 콘텐츠에 적용할 경우, 큰 규모의 프로젝트일 때 생길 수 있는 여러 가지 혼란을 방지할 수 있습니다. 하지만 이게 전부는 아닙니다.

대규모 프로젝트를 진행하는 콘텐츠 전문가들은 새로운 사이트를 오픈하기 전에 콘텐츠를 순서대로 문서화하여 구성하는 방법을 배웠습니다. 이렇게 하지 않으면 나중에 이 작업을 대체할 수도 없을 뿐더러 그 과정이 결코 쉽지 않기 때문입니다. 콘텐츠를 올바르게 분류하는 작업과 메타데이터^{metadata}(역자 주: 정보를 통제하고 접근하기 쉽게 만들기 위해 만든 데이터를 위한 데이터. 여기에는 해당 데이터를 정의하고 설명하는 내용이 포함되어 있다)의 관리는 매우 중요합니다. 하지만 다음과 같이 잠재적으로 중요한 정보를 간과하는 실수도 자주 일어납니다.

- 콘텐츠의 원문과 유형에 관한 정보에서 어떤 것을 기록해야 나중에 콘텐츠를 배열하고, 재사용하고, 수정하는 작업을 쉽게 할 수 있는가?

- 콘텐츠를 추가하고 수정할 때, 변경 사유의 기록을 어떤 유용한 방법으로 문서화할 수 있는가? 큰 그림의 커뮤니케이션 전략에서 보았을 때, 진행 중인 수정 사항이 올바른 방향인지 어떻게 확인할 수 있는가?

- 콘텐츠 리소스를 지속적으로 관리하거나 재사용하는 데 도움을 주는 과정은 무엇인가? 콘텐츠를 관리하고 재사용하는 데 어떤 종류의 결과 보고, 분석, 발행 기능이 필요한가? 콘텐츠를 흥미로운 방식으로 재사용할 수 있도록 구조화하는 방법은 무엇인가?

- 미처 사용하지 못한 콘텐츠가 있는지 알아볼 때 유용한 분석이나 기능을 어떻게 이용할 것인가?

이 중 일부는 3장에서 다루겠습니다. 이것만 알아두세요. 장기적인 콘텐츠 관리에서 큐레이터적인 접근은 과거의 IT팀, 마케팅팀을 비롯한 '웹마스터'가 전담하던 영역을 넘어서까지 적용할 수 있습니다. 이를 인지한다면 매우 유익할 것입니다.

영향력 3 : 마케터

마케팅은 서비스나 제품을 시장에 내놓고 사람들이 구매하도록 하는 방법입니다. 여기서 '제품'은 달걀, 노트북, 전자책 e-book과 같이 실체가 있는 사물일 수도 있고, 아이디어, 경험, 정치 후보와 같이 형이상학적인 것일 수도 있습니다. 마케팅 수단 역시 아주 명확한 것에서부터 모호한 기술까지 포함할 수 있습니다. 콘텐츠 전략이 마케팅의 일부는 아니지만, 마케팅은 콘텐츠 전략에서 적용 가능한 요소 중 하나입니다. 콘텐츠 전략 기법이나 적용은 대부분 마케팅을 기반으로 합니다.

결국 마케팅은 대부분 설득을 위한 작문이나 화법을 연구하는 수사학과 수사법에서 발전했다고 볼 수 있습니다. 수사법은 그 기원에서부터 어느 정도 반문을 가지고 검토되었습니다. 기원전 4세기에 플라톤 Plato은 수사법을 건강에 좋지 않은 음식을 맛있게 만들어주는 마술에 비유했습니다(플라톤은 모든 사람이 바닥에서 자고 빵, 견과류, 산딸기만 먹었을 때 자신의 유토피아적인 공화국을 실현할 수 있고, 고기를 먹거나 테이블, 침대를 이용한다면 멸망을 맞을 것이라고 주장했습니다).

설득의 기술에 대한 이와 같은 문화적 양면성은 마케팅에서 더욱 명확하게 드러납니다.

원하든 원치 않든 필요한 설득의 기술

비즈니스나 다른 조직을 위한 콘텐츠를 만들 때는 단순한 정보나 즐거움 그 이상을 제공해주어야 합니다. 이론적으로 언론사나 신문사 사이트의 경우는 예외겠지요. 그러나 비즈니스나 기업의 온라인 콘텐츠는 대부분 흥미롭고 설득적이어야 하며, 궁극적으로는 무언가를 판매할 수 있어야 합니다.

그렇다고 모든 웹사이트가 광고의 성격을 띠어야 한다는 의미는 아닙니다. '판매'라는 말은 무형에 가까워 미묘할 때도 있고, 다음 문장처럼 직설적일 때도 있습니다. '이 멋진 제품으로 굉장한 일을 해낼 수 있습니다. 하나 구입하시겠어요?' 하지만 대부분은 그 중간 성격을 띱니다. 설득의 원칙(수사법)과 판매(마케팅)는 사실 현대 서구 사회가 아주 능숙하게 해온 분야입니다.

원래 수사법이나 수사학은 삼학과(三學科, 문법·논리학·수사학)라고 불리던 중세시대의 고전적인 교육 과목 중 하나입니다. 아주 이론적인 고급 학문 분야이기도 하지요. 이에 대해 쉽고 간단하게 설명해보겠습니다.

아리스토텔레스Aristotle가 말하는 세 가지 종류의 수사학은 다음과 같습니다.

- 합리적 주장(로고스logos) : '고객님 회사에 가져다드릴 이 물건의 장점은 다음과 같습니다. 여기 6포인트 글자로 인쇄된 리서치 자료를 확인해보세요.'

- 감성적 호소(파토스pathos) : '행복한 기억은 우리의 짧고 슬픈 인생에서 가장 소중한 것입니다. 행복한 기억을 선사해줄 이 물건을 구매하시지 않겠습니까?'

- 말하는 이의 평판 또는 특징으로 호소(에토스ethos) : '사색과 리더십 영역의 전문가로서 이 물건을 추천합니다. 이 물건을 구매하시면 후회하지 않으실 겁니다.'

수사법의 원칙, 즉 설득의 기술은 마케팅뿐 아니라 사설, 블로그, 정치 연설에 이르기까지 커뮤니케이션 문화 전반에 걸쳐 이용되고 있습니다. 여기서 정치 연설은 본래의 민주주의에서 말하는 수사학의 원조와도 같습니다.

마케터들의 말을 빌리면, '메시지'란 사용자의 마음에 직접적으로 전달하고자 하는 고도로 정제된 아이디어입니다. 전달해야 할 내용이 수사학적 접근이라는 전달방법과 만날 때 비로소 메시지가 만들어지는 것입니다. 이러한 메시지는 단순히 브랜드 슬로건만을 의미하는 것이 아닙니다. 내부적으로 통용되는 것은 물론이며, 콘텐츠를 뒷받침하고 콘텐츠의 구성을 잡아주는 역할도 합니다(이를 '메시징한다'고 표현하는데, 용어 자체가 중요한 것은 아닙니다).
메시징의 표현을 살펴볼 수 있도록 가상의 고객을 상대로 적용해보겠습니다. 먼저 브루클린에 있는 꽃집, 비즈니스맨이 묵는 최고급 호텔, 주립대학교를 생각해봅시다(표 1 참고).

브랜드 메시지는 대부분 조직의 내부 마케팅팀으로부터 최소한 몇 개만 전달받을 것입니다. 만약 콘텐츠 전략을 맡고 있는 여러분에게 상위 수준의 메시지 몇 개만 주어졌다면 콘텐츠 구성에 도움이 되는 메시지를 스스로 구체화할 책임이 있는 것입니다. 사실 그렇게 하지 않는 것이 더 심각한 문제이지요.

수사법을 이용하면 이런 작은 메시지보다 전달할 수 있는 것이 훨씬 더 많습니다. 사실 수사학은 여러 분야 콘텐츠 전문가의 검토가 필요한 영역이나 다름없습니다. 콘텐츠 전문가 콜린 존스[Colleen Jones]는 다음과 같이 말했습니다. (http://bkaprt.com/cs/8/)[14]

[14] 긴 URL: http://www.leenjones.com/2009/02/rhetoric-mix/

고객	동네 꽃집	비즈니스 호텔	주립대학교
핵심 아이디어	우리 가게의 꽃은 가장 싱싱합니다.	우리 호텔은 다른 호텔보다 복잡하지 않습니다.	우리 대학은 뛰어난 교육 프로그램을 갖추고 있습니다.
이성적 호소	우리 가게의 꽃은 아주 싱싱해서 다른 가게의 꽃보다 30% 정도 더 오래가고 아름답습니다.	우리 호텔은 체크인·체크아웃하는 데 시간이 오래 걸리지 않습니다.	우리 대학의 프로그램은 대부분 〈US 뉴스〉와 〈월드리포트〉에서 발표한 상위 대학 25위 안에 들고, 졸업생 중 70%가 석사·박사 학위를 취득합니다.
감성적 호소	생기 있는 싱싱한 꽃이 여러분의 삶을 더 아름답게 가꿔줄 것입니다.	호텔 문에 들어서는 순간 여러분은 나만을 위한 공간에 있다고 느끼실 겁니다.	가장 영향력 있는 교수진이 함께합니다. 지금 지원하세요.
평판 중심적 호소	우리 집안은 꽃을 다루는 일만 100년 넘게 해왔습니다. 우리는 꽃의 신선함을 잘 알고 있습니다.	다른 호텔에 비해 우리 호텔은 출장이 잦은 비즈니스맨을 상대로 더 많은 서비스를 제공해왔습니다. 우리는 비즈니스 여행객이 원하는 바를 잘 알고 있습니다.	우리는 미국에서 가장 유명한 대학입니다. 우리 대학 교수진은 각 분야에서 가장 훌륭하다고 평가받습니다.

표 1: 가상의 고객에게 세 가지 주요 수사법을 적용한 접근 방식

수사학이란. 언어를 사용한 설득과 그 영향을 탐구하는 학문으로 아리스토텔레스 때 생겨났습니다. 웹사이트를 좀 더 설득적으로 만들고자 하는데 어떻게 언어를 설득적으로 사용하는 방법을 다루는 수사학을 무시할 수 있겠습니까? 이는 마치 밀가루, 우유, 초콜릿에 대해 잘 모르는 상태에서 맛있는 케이크를 만들려는 것과 마찬가지입니다.

케이크를 맛없게 만들어서도 안되지만 수사법의 오랜 전통 역시 무시할 수 없습니다. 현대 마케팅 언어가 마음에 들지 않는다면 적절한 수사법을 통해 새로운 아이디어를 내고 설득적인 콘텐츠를 만들어낼 수 있을 것입니다(이 주제에 관심이 있다면 콜린 존스의 《Clout》를 읽어보세요. 콘텐츠에 관련된 일을 하는 사람의 흥미를 끌 만한 내용뿐 아니라 수사법도 심도 있게 다루고 있습니다).

평가가 관건이다

마케팅 분야, 특히 광고업에 종사하는 사람에게 성공의 순간이란, 타깃층이 그들의 의도대로 행동하도록 설득했을 때입니다. 다시 말해, 설득함으로써 사람들이 얼마나 영감을 받고 얼마나 많이 의도된 행동을 했는지를 측정함으로써 성공 여부를 평가하지요. 출판 업계에서는 성공 여부의 측정에 대해 끊임없이 문제를 제기했습니다. 만약 샴푸 광고를 TV와 잡지, 시내 버스 등에 동시 게재했다면 이 중 무엇이 가장 효과적인지 어떻게 측정할 수 있을까요? 이런 문제에 대한 대안으로 마케터들은 측정 가능한 쿠폰이나 할인 코드 등을 만들어내기 시작했습니다.

인터넷은 상황이 조금 다릅니다. 광고를 얼마나 보았는지, 웹 사용자가 무엇을 하는지 등을 추적하고 분석할 수 있습니다. 지난 15년간 마케터들은 온라인 성과 분석에 과학적으로 접근하는 방법을 알아냈습니다. 이에 관해서는 3장에서 더 살펴보겠지만 말 그대로 방대한 양의 문헌과 자료가 있습니다. 여기서는 인터넷 콘텐츠 작업이 효과적인지 평가하기 위해서는 먼저 구체적인 계획과 실행이 필요하다는 점만 생각해봅시다.

마케팅에 대한 배경 지식 없이 '구글 광고로 성공하기'와 같은 방법으로 콘텐츠 전략을 세운다면 폭넓고 진정한 전략은 나오기 힘듭니다. 저는 에릭 T. 피터슨Eric T. Peterson이 쓴 《Web Analytics Demystified》와 《The Big Book of Key Performance Indicators》를 참 좋아합니다. 다른 마케팅 책들은 단순히 클릭 수 측정에 치중한 데 반해 이 책들은 웹에서의 성과 측정에 대해 더 심오하고 전문적인 접근 방식을 보여줍니다. 두 권 모두 절판되었지만 저자의 웹사이트(http://bkaprt.com/cs/9/)[15]에서 무료로 내려받을 수 있습니다.

매체가 좌우한다

마케팅에서 '전달 매체'란 '실제 제품을 배포하는 방법'을 의미합니다. 하지만 요즘에는 6가지 다른 뜻을 지니므로 전달 매체에 대해 좀 더 구체적으로 살펴봅시다. 이 책에서 '발행 매체'나 '매체 전략Channel Strategy'은 타깃층에게 콘텐츠를 전달하는 방법을 말하는데, 그 방법은 다음과 같습니다.

- 웹사이트 – 어떤 기업의 대표 사이트
- 주요 고객층을 겨냥한 사이트(마이크로사이트, 한 가지 소재 위주의 사이트) 또는 특정 지역 사이트(지역 주민을 위한 콘텐츠로 구성되거나 번역된 사이트)
- 블로그, 다른 사이트 내에 위치하든 상관없음
- 뉴스레터
- 소셜 커뮤니케이션 채널(페이스북, 트위터와 그 수많은 친구들)
- 웹캐스트, 팟캐스트, 동영상물
- 온라인 매거진
- 모바일 어플리케이션

[15] 긴 URL: http://www.webanalyticsdemystified.com/content/

- 외부 어플리케이션, 발행물, 사이트
- 문서, 전자책, 특수 보고서처럼 다운로드 가능한 텍스트 중심의 콘텐츠

그렇다면 매체 전략이란 무엇일까요? 바로 여러분의 콘텐츠를 대상층에게 전달할 최적의 방법을 알아내기 위해 사용자와 비즈니스 목표에 대해 배운 모든 것을 적용해보는 단계입니다. 마케팅 업무를 하는 사람들은 이 문제에 대해 오랫동안 고심해왔고, 우리에게 시사하는 바 또한 큽니다.

참고 : 여러분은 제가 이 책에서 '웹콘텐츠' 자체에 대해 거의 언급하지 않는 것을 알아차렸을 것입니다. 웹은 그저 온라인 콘텐츠 분야의 하나일 뿐이고, '웹'과 '웹이 아닌 것'으로 나누어 생각하는 것은 웹콘텐츠 발행에서 그다지 유용한 방법이 아니기 때문입니다. 단순히 '웹에서 발행하겠습니다'는 '이 콘텐츠를 블로그에 요약하고, 외부 웹사이트에 전체 기사로 내놓으며, 뉴스레터나 소셜 미디어 매체에 언급하겠습니다' 혹은 '특정 대상을 목표로 다른 매체들과 상호 촉진 광고를 하여 비디오 팟캐스트로 만들어보겠습니다'와 비교했을 때 결코 효과적인 콘텐츠 발행 계획이라고 볼 수 없습니다.

영향력 4 : 정보 과학자 INFO Scientist

정보 과학자는 다양한 분야에서 일하고 있습니다. 사서, 기록 보관학자, 데이터 분석가, 정보 학자, 디지털 큐레이터를 비롯해 정보와 관련된 다양한 이름을 가진 전문가도 있습니다. 이들의 공통점은 정보를 효과적으로 저장, 검색, 보급하는 방법을 탐구한다는 것입니다.

만약 자신의 접근법이 편집 또는 마케팅 분야를 기반으로 하고 있

다면 이제부터 눈을 크게 뜨고 집중하세요. 정보의 구조는 정말 중요합니다. 그 이유는 바로 정보 과학information science이 우리가 공들여 만든 값비싼 콘텐츠가 무용지물로 전락하는 것을 막아줌으로써 정보 구조의 현대적 구현을 가져왔기 때문입니다.

정보 설계

정보 설계IA, Information Architecture란 내비게이션 구조와 콘텐츠 분류뿐만 아니라 정보의 구성을 디자인하는 것입니다. 웹 업계에서 소위 '아키텍트, 즉 정보 설계 전문가'로 불리는 사람들은 혼란스러운 정보의 구성에 일련의 법칙을 만들어서 사용자가 검색 결과를 찾고 원하는 대로 행동할 수 있도록 정보를 설계하는 역할을 합니다. 정보 설계사는 와이어프레임wireframes, 사이트맵site maps, 페이지 구성 다이어그램page diagrams, 사용자 행동의 흐름도user flows 등을 만들거나 사용자 리서치를 진행합니다.

정보 설계사와 협업한다면 콘텐츠 전략이나 정보 구성이 겹치는 부분을 제외하고는 구조적인 디자인에 대해 너무 걱정할 필요가 없습니다. 내비게이션 표시와 분류법이야말로 편집 배경 지식을 가진 콘텐츠 전략가와 관련이 깊은 조합입니다. 자세한 와이어프레임은 구조적인 사고와 실제적인 콘텐츠의 조합을 미리 보여줌으로써 시각적 디자인 작업을 시작하기 전에 참고할 수 있는 좋은 예시가 됩니다. 이는 정보 설계사나 콘텐츠 전략가 사이에 발생할 수 있는 의견 차이나 문제점을 미리 파악하고 구체적으로 결과물을 보여줌으로써 흥미로운 작업을 가능하게 합니다. 콘텐츠 전문가, 프로그래머, 정보 설계사의 의견은 디자인에 도움이 되는 경우가 많습니다. 관련자들의 요구 사항과 피드백을 받아들일수록 콘텐츠 관리 시스템의 세부 기능은 더 좋아집니다.

정보 설계사와 일하지는 않지만 중대한 사이트 제작이나 개편 프로젝트를 맡았다면 콘텐츠 전문가로서의 역할을 비롯해 정보 설계사로서의 역할도 해야 합니다. 물론 정보 설계사로서 자리를 잡기까지는 수년간의 경험과 오랜 고심의 시간을 거쳐야 하겠지만, 정보 설계를 하는 데 필요한 기법이나 도구는 지금이라도 사용할 수 있습니다. 페르소나 사용자 시나리오 같은 사용자 프록시는 크레용으로 대충 그렸다 하더라도 리서치나 합리적인 가정을 바탕으로 했다면 유용합니다.

기본적인 와이어프레임 하나만 있으면 정보 설계가 없는 프로젝트를 혼란에서 구해낼 수 있으며, 콘텐츠 전문가가 사용성과 가독성을 이해하는 데 도움을 줄 수 있습니다. 사용성과 가독성은 모두 정보 설계에 필수적인 요소입니다.

콘텐츠 관리

한때 모든 웹사이트가 하드코딩된 HTML 페이지로 이루어졌었다는 사실을 아십니까? 그때는 정말 고생스러웠을 것입니다.
이런 사실을 잘 몰랐다면 창백한 수도사가 수도원에서 홀로 인간의 지식을 손으로 기록하던 중세시대를 떠올려보세요. 웹의 탄생은 종종 구텐베르크의 활자 발명과 비교됩니다. 하지만 웹콘텐츠 분야에서 보면 개발자들이 낡고 오래된 데이터베이스와 템플릿 시스템을 웹 형태의 콘텐츠 관리 시스템으로 만들었을 때 비로소 커뮤니케이션 혁명이 일어났다고 할 수 있습니다.

최초의 주요 콘텐츠 관리 시스템은 옛날 문서 관리 시스템처럼 느리고 비쌌습니다. 회사나 조직의 콘텐츠 매니저들(대부분 '웹마스터'라고 불리던)은 처음으로 콘텐츠 관리 시스템을 이용한 사람들입니다. HTML로 번거롭게 구성되던 모든 콘텐츠가 갑자기 데이터베이스라는 집을 갖게 된 셈이지요. 이제는 급한 '수정 사항'이 있을 경우 예전처럼 5~10군데를 고칠 필요 없이 한두 군데만 수정하면 됩니다. 과거에는 거의 불가능해 보이던 사이트 재구성도 지금은 쉬워졌습니다.

드디어 블로깅 소프트웨어와 오픈 소스 콘텐츠 관리 시스템이 하나로 합쳐졌습니다. 블로깅 소프트웨어가 발전할수록 오픈 소스 콘텐츠 관리 시스템은 더욱 사용하기 쉬워졌고, 이제는 두 분야를 구별하지 않게 되었습니다. 기본적인 컴퓨터 지식을 가진 사람이라면 누구나 온라인 콘텐츠를 만들어낼 수 있고, 온라인 콘텐츠 발행 업자는 적은 비용으로 효율적인 업무를 할 수 있게 되었습니다.

블로깅을 어플리케이션화한 콘텐츠 관리 시스템인 워드프레스WordPress는 2010년에 전 세계의 3,000만 명에 달하는 사람이 사용했고, 모든 웹사이트 중 12% 정도가 워드프레스로 지원되고 있습니다. (http://bkaprt.com/cs/10/)[16]

이는 비단 소프트웨어에만 머물지 않습니다. 워드프레스가 처음 등장했을 때, 많은 회사들은 이 시스템을 숙련된 편집자의 손길이 필요한 편집 업무를 대신하거나 자동화해줄 수 있는 수단으로 보았습니다. 콘텐츠를 다루는 사람은 일상적으로 관리 시스템을 자주 사용합니다. 하지만 다음과 같은 작업도 종종 합니다.

- 콘텐츠 관리 시스템에 필요한 요구 사항의 정리
- 데이터베이스 흐름의 정의
- 콘텐츠 관리 시스템의 버전 관리
- 정보 저장 관리(보관과 백업)

[16] 긴 URL: http://wpcandy.com/presents/a-look-at-wordpress-market-share-numbers

- 사이트 검색 기능과 프로세스의 보완 및 자동화
- 사이트 분류 구성, 태깅 시스템, 메타데이터의 정의 및 관리

웹콘텐츠 관리는 대부분 다른 일과 동시에 하는 경우가 많습니다. 웹편집자도 콘텐츠 관리 역할을 동시에 하곤 하지요. 정보 설계사나 사용자 경험 디자이너, 웹마스터, 커뮤니티 관리자, IT 관련 종사자도 자신의 일과 콘텐츠 관리를 동시에 할 수 있습니다. '디지털 큐레이션'이라는 전문 분야도 있습니다. 디지털 큐레이션 분야에는 콘텐츠 저장과 검색을 위한 학문적·전문적인 저널과 커리큘럼, 박사 과정이 마련되어 있습니다.

교차 훈련 Cross-Training

콘텐츠 관리는 다양한 분야에서 발전해왔기 때문에 관련 분야의 원칙에서 완전히 벗어날 수 없습니다. 콘텐츠가 잘 배치되었는지, 가독성이 뛰어난지를 알려면 콘텐츠를 둘러싼 시각적 디자인을 충분히 이해하고 있어야 합니다. 다양한 종류의 장치에서 작동하며, 장애가 있는 사용자의 니즈에 맞는 콘텐츠를 기획하려면 그에 대한 접근성도 잘 알고 있어야 합니다. 사용자가 사이트 내부와 외부에서 콘텐츠를 쉽게 찾을 수 있는 검색엔진 최적화SEO를 최우선으로 생각하는 마케팅 매니저와 심도 있는 대화를 나누려면 검색엔진에 대해서도 많이 알아야겠지요.

이렇게 되면 결국 콘텐츠 개발이라는 문제가 남습니다. 우리는 콘텐츠 전략을 통해 계획과 가이드라인, 일정, 목표를 세우지만 콘텐츠 자체를 만들어내지는 않습니다. 콘텐츠 전략을 구체화하는 과정에서 콘텐츠의 내용이나 예제를 언급할 수는 있겠지요. 하지만 좋은 콘텐츠를 만들어낼 수 있는 능력이 있다면 그렇지 못한 콘텐츠 전략가보다 훌륭한 장점을 가진 것이 틀림없습니다.

그럼 이론적인 얘기는 여기서 마무리짓고, 이런 내용이 실제 콘텐츠 작업에서 어떻게 적용되는지 자세히 살펴보겠습니다.

3 도구와 기법

일상적인 콘텐츠 전략 업무가 혼란스럽게 느껴지는 데는 이유가 있습니다. 프로젝트가 바뀔 때마다 콘텐츠의 성격이 분석적이었다가 갑자기 창의적으로 변하기 때문입니다. 새로운 웹사이트를 오픈할 때마다 시각 디자이너, 정보 설계사, 프런트 엔드 개발자, 콘텐츠 제작자 등은 주목을 받지만 콘텐츠 전략가는 대부분 눈에 잘 띄지 않습니다.

이렇듯 콘텐츠 전략은 눈에 보이지 않거나 클릭할 수 없습니다. 웹사이트 방문자가 사이트의 기능을 보고 '이거 정말 멋진 콘텐츠 전략이로군!'이라고 말하는 경우도 흔치 않습니다.

눈에 보이지 않는 콘텐츠 전략의 특성을 감안해 이제부터는 콘텐츠 전략의 적용과 성과를 중심으로 얘기하려고 합니다. 여기서 소개하는 결과물이나 기법은 유용할 수 있겠지만 실제로 이것들을 적용하는 방법에 대해 모두 설명하려면 공간이 부족합니다.

이 장에서는 저와 동료들이 콘텐츠 전략 프로젝트를 진행하면서 사용했던 도구와 기법을 소개하겠습니다. 왜 그런 방식을 썼는지, 실질적인 근거를 비롯해 최종 결과물 이면의 보이지 않는 부분까지 자세히 살펴볼 것입니다.

지금까지는 방법론에 대해 돌려 말한 것입니다(영화 '죠스' 주제곡 삽입). 자, 그럼 제대로 한번 살펴봅시다.

방법론 methodologies

콘텐츠 전략은 새로운 분야입니다. 게다가 우리는 주로 방법론을 토대로 사용자 경험과 웹 개발팀과 일하기 때문에 지난 몇 년간은 콘텐츠 전략을 잘 계획하는 방법에 대한 논의가 많았습니다. 콘텐츠 전략은 워낙 다양하기 때문에 콘텐츠 전문가는 반드시 일정 수준의 전문성을 갖춰야 합니다. 콘텐츠 전략의 방법론 역시 전문성을 잘 반영해야 합니다.

- 콘텐츠 전략가는 주로 브랜딩과 메시징, 효과적인 크로스 채널 지원, 설득적인 콘텐츠 제공, 지속 가능한 콘텐츠 발행 과정의 개발 등과 같은 **마케팅 커뮤니케이션**에 신경을 많이 씁니다. 방법론은 이러한 작업들을 뒷받침할 수 있어야 합니다.

- 반면 **데이터베이스 관리**에 집중하는 콘텐츠 전략가는 기술적인 분석, 데이터 모델링, 다양한 종류의 시스템에서 재사용이 가능한 대규모 콘텐츠(웹사이트, 인트라넷, 고객 관리 시스템 등)를 다루는 방법론을 필요로 합니다.

- **사용자 경험 디자인 전문가**나 **웹개발팀원**과 함께 일하는 콘텐츠 전문가는 마케팅, 교육적이고 기술적인 콘텐츠, 사이트 내부와 외부에서 행할 리서치, 콘텐츠 분류법, 콘텐츠 관리 시스템 요구 사항 개발, 정보 설계 등을 다루는 방법론이 필요

할 것입니다.

그러나 여러분의 상황이나 전문 분야에 상관없이 정말로 필요한 것은 실제 작업에 도움이 되는 방법론입니다. 때로는 그것이 실로 적합한 방법론인지 확인해볼 필요가 있습니다. 제 방법론은 단순합니다. 저는 주로 사용자 경험 디자이너나 웹개발팀과 일했기 때문에 온라인 편집 전략가로서의 관점을 바탕으로 합니다. 사용했던 결과물이나 각각의 과정은 프로젝트마다 다르지만 저의 모든 작업은 크게 세 가지로 분류할 수 있습니다.

- 평가
- 디자인
- 실행

프로젝트마다 이런 세 가지 단계를 거치지만 정해진 연대기처럼 반드시 꼭 따라야 하는 것은 아닙니다. 이렇게 되풀이되는 일련의 단계는 마감 기한이 정해진 프로젝트나 콘텐츠를 장기적으로 유지 보수하는 과정에서 주로 적용됩니다.

- **평가**는 프로젝트의 시작과 마무리 단계에서 이루어집니다. 때로는 프로젝트 각 단계의 마무리 과정에서 평가하기도 합니다. 사용성 테스트나 트래픽 분석 작업과 마찬가지로 다양한 종류의 리서치 역시 평가합니다.

- 여기서 말하는 **디자인**은 시각적 디자인을 의미하는 것이 아니라, 대중과 소통하는 고도의 커뮤니케이션 전략과 콘텐츠 관련 백 엔드 기능을 위한 제안을 뜻합니다. 콘텐츠를 제작하고 수정하는 실행 계획의 디자인, 도구와 콘텐츠의 장기적인 관리를 위한 디자인도 있습니다.

- **실행**은 계획을 현실화하는 데 필요한 모든 것, 즉 콘텐츠 작성 및 수정, 발행 업무

흐름도 계획, 콘텐츠 소싱 및 취합 등을 의미합니다. 실행에 직접적인 책임이 없는 프로젝트라도 권장사항을 구체화하기 위해서는 많은 예시를 만들어내야 합니다. 이 또한 실행 과정의 일부라고 볼 수 있습니다.

이 중에서 어떤 방법론을 적용해도 좋습니다. 저의 방법론 역시 특정한 콘텐츠 작업에 최적화된 것 중 하나로 모든 경우에 적합한 것은 아닙니다.

그럼 지금부터 더 자세히 살펴봅시다.

우리가 만들어내는 것

본격적인 설명에 앞서 고객에게 주거나 '전달하는 결과물'에 대해 먼저 얘기하겠습니다. '결과물'이라는 표현이 다소 고루한 느낌이 들지만 딱히 적절한 용어가 없는지라 그냥 사용하겠습니다. 더 이상한 표현을 쓸 수도 있는데 최소한 이 업계에서는 '업무 제품'이라는 용어는 대개 사용하지 않습니다.

다음은 완벽하지는 않아도 콘텐츠 전략을 계획하면서 적용해볼 수 있는 목록입니다.

- 접근성accessibility 가이드라인
- 벤치마크
- 매체 전략
- 콘텐츠 관리 시스템 요구 사항
- 커뮤니케이션 계획
- 커뮤니티와 소셜 전략
- 커뮤니티 검수 정책

- 경쟁사 분석
- 콘텐츠 제작 워크숍
- 콘텐츠 조달 계획
- 콘텐츠 스타일 가이드
- 콘텐츠 템플릿
- 편집 일정표
- 예시 콘텐츠
- 기능 설명표
- 차이점 분석
- 메타데이터 권장사항
- 프로젝트 제안서
- 발행 업무 흐름도
- 콘텐츠 수준 검증 및 결과
- 콘텐츠 수량 조사 및 결과
- 리소스(인력, 도구, 시간) 검토
- 검색엔진 최적화 검토
- 성과 측정
- 분류법 taxonomies
- 트래픽 분석
- 사용성 테스트
- 사용자 페르소나 Personas
- 사용자 리서치 결과
- 사용자 리서치 계획
- 사용자 시나리오
- 비주얼 프레젠테이션 권장사항
- 와이어프레임
- 업무 흐름도 권장사항

위의 목록 중 한 가지 경우를 제외한 나머지 사항에 대해 세세한 설명보다는 거시적인 관점에서의 문서와 과정을 알려드리겠습니다. 위에서 언급한 문서는 대부분 http://incisive.nu/elements에서 찾을 수 있습니다. 위와 같은 사항은 항상 화제가 되는 분야라 지금 이 순간에도 누군가 여러분이 알고자 하는 것을 블로그에 쓰고 있을지도 모릅니다. 이것은 반가운 일이지요.

콘텐츠 전략은 그냥 만들어진다?

콘텐츠 전략은 대다수 유사 분야에 비해 보다 폭넓은 과정과 결과물을 포함하고 있습니다. 하지만 각 프로젝트에 맞는 최적의 접근법을 선택하는 방법에 대해서는 깊이 있게 논의된 적이 거의 없습니다. 결과적으로 우리는 반복되는 기법을 계속 고수하고 있습니다. 그 접근법이 지금 진행 중인 프로젝트에 적합하지 않아도 말이지요. 우리는 매번 더 흥미롭고 보다 나은 일을 할 수 있는 기회를 놓쳐버리는 셈입니다.

여러분이 만든 모든 결과물을 주관하는 회의에서는 크게 두 종류의 전략, 즉 프로젝트를 위해 만드는 전략과 동료, 직원, 고객과의 커뮤니케이션을 위해 사용하는 전략을 다룹니다. 동료와 직원은 프로젝트의 직접적인 타깃층이 아니지만 여러분이 만든 결과물을 검토하는 주체입니다. 그렇다고 문서 작업을 위해 각 고객과의 사용자 리서치와 전략을 완벽하게 계획해야 한다는 것은 아닙니다. 이렇게 해야 하는 상황이라면 아무도 기한 내에 작업을 끝내지 못하겠지만, 프로젝트에 필요한 업무를 전략적으로 생각해보는 계기가 됩니다.

단계별 분류 : 언제 일어나는가?

컨설턴트로서 결과물을 분류하는 가장 확실한 방법은 프로젝트를 단계별로 나누는 것입니다. 각 단계를 지칭하는 용어가 조직마다 다를 수 있지만, 대행사에 소속되어 일하든 혼자 일하든 다음 단계가 익숙할 것입니다(그림 2 참고).

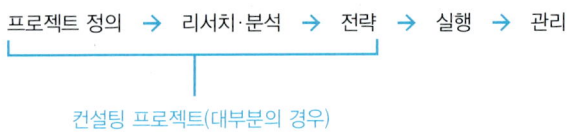

그림 2: 사용자 경험 및 콘텐츠 전략 프로젝트의 진행 단계

여러분이 디자인팀과 일하고 있다면, 프로젝트를 단계별로 나누는 것을 다른 동료와 협업하는 방식으로 이해하면 쉬울 것입니다. 이는 고객이 전반적인 프로젝트에서 그 업무가 적합한지에 대한 여부를 파악하는 데도 효과적입니다.

콘텐츠 전략에 대해 생각하고 말하는 방식에는 문제가 있습니다. 실제로 업무에 착수하면 전반적으로 프로젝트가 어떻게 진행되고 있는지에 대해 많은 것을 알 방도가 없다는 것입니다. 만약 팀원이나 고객이 콘텐츠 전략에 익숙지 않다면 프로젝트 기한에 어떻게 맞출지 설명하기보다는 여러분의 작업에 대해 말하는 것이 더 필요할 것입니다. 콘텐츠 전략의 기능이나 목적을 먼저 소개하고 시작하는 것도 좋은 방법입니다.

기능별 분류 : 무엇을 하는가?

콘텐츠 전략의 업무를 살펴보는 두 번째 방법은 각각의 도구나 과정이 어떤 기능을 하는지 확인하는 것입니다. 방법론을 발전시켜나가는 하나의 구체적인 특정 프로젝트라고 생각해보세요. 전체적으로 보았을 때, 콘텐츠 전략 프로젝트나 장기적인 콘텐츠 전략을 통해 이루고자 하는 목표가 무엇인지, 여러분이 성취하고자 하는 목표가 분명해야 합니다. 목표를 이해해야 무엇을 만들고자 하는지 되짚어볼 수 있습니다.

예를 들어 대규모 컨설턴트 그룹의 웹사이트를 재구성하기 위해 사용자 경험 디자인팀과 협업한다고 합시다. 이 그룹의 웹사이트는 5,000개가 넘는 콘텐츠로 구성되어 있고, 여러 부서뿐만 아니라 다양한 국가에서 콘텐츠 발행 시스템을 사용하고 있습니다. 프로젝트의 최상위 세 가지 목표는 다음과 같습니다. 첫째, 회사의 브랜드 가치를 온라인에서도 널리 알립니다. 둘째, 잠재적인 사용자가 필요로 하는 정보를 쉽게 찾을 수 있도록 합니다. 셋째, 다양한 부서가 관리하는 웹사이트의 섹션이 일관성을 유지할 수 있도록 합니다.

그럼 저의 방법론으로 돌아가 이러한 목표 달성을 위해 해야 할 일을 모두 정리해보겠습니다.

- **평가** : 콘텐츠의 양적·질적 평가, 트래픽 분석, 경쟁사 검토, 사용자 리서치, 페르소나, 사용자 경험 시나리오, 콘텐츠 발행 과정 분석

- **디자인** : 프로젝트의 목표를 구체적으로 설명해주는 커뮤니케이션 요약, 거시적·구체적 관점에서 전체적인 메시지에 대한 권장사항, 추가해야 할 콘텐츠의 종류, 삭제해야 할 콘텐츠의 종류, 사이트의 다양한 대상층을 위한 커뮤니케이션 방법, 기술팀과의 협업을 통한 메타데이터 권장사항, 편집 스타일 가이드라인, 콘텐츠 발행 순서, 콘텐츠 소싱과 취합 계획, 크로스 채널 커뮤니케이션 권장사항, 성과 지표와 분석 계획

- **실행** : 주요 콘텐츠 종류에 따른 예시 콘텐츠, 서비스 오픈 전과 후의 새로운 콘텐츠 개발 지원을 위한 콘텐츠 템플릿, 콘텐츠 제작과 발행을 위한 워크숍, 편집 스타일 가이드

각각의 역할에 대해 생각해보는 것은 반복적으로 작업하던 기존의 콘텐츠 습관에서 벗어나는 데 도움이 됩니다. 실제 작업을 계획하고 시작하기 전에 각 결과물과 과정을 통해 성취하고자 하는 목표

를 파악하는 데도 효과적입니다.

방법별 분류 : 어떻게 적용하는가?

연속적으로 작업해온 각각의 결과물을 객관적이고 분석적인 업무에서부터 주관적이고 창의적인 업무에 이르기까지 잘 배열하는 것이 중요합니다. 이 접근법은 특히 콘텐츠 전략 관련 문서를 한 번도 본 적이 없는 고객이나 동료와 일할 때, 또는 단순한 엑셀 시트를 보여줄지, 콘셉트 위주의 권장사항을 보여줄지 확신이 서지 않을 때 유용합니다.

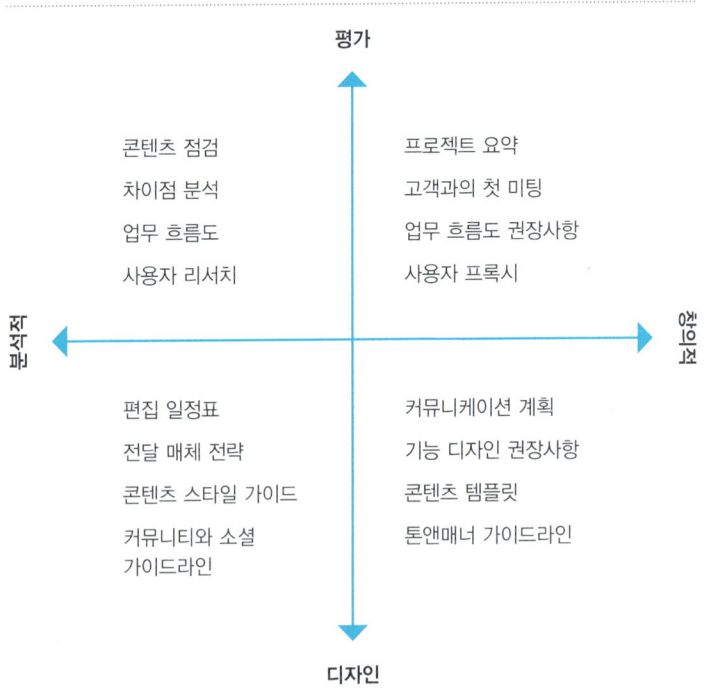

그림 3: 기능과 성격에 따른 콘텐츠의 결과물과 과정

제가 작업하는 결과물을 기능(평가 vs 디자인)과 성격(분석적 vs 창의적)에 따라 도표로 만들어본다면 다음과 같은 모습일 것입니다 (그림 3 참고).

실제로 100% 분석적인 콘텐츠 문서나 창의적인 콘텐츠는 드물지요. 하지만 업무 특성을 잘 알고 있다면 콘텐츠 개발 작업을 능률적으로 해낼 수 있습니다. 이렇게 분류하면 팀원들이 가진 다양한 특기를 살리면서 업무를 분장하기가 수월해집니다. 주변에 데이터를 잘 다루는 사람이 있나요? 그에게 콘텐츠 점검이나 갭 분석^{Gap} ^{Analysis}(역자 주: 경제학에서 말하는 케인스 학파의 분석 방법으로 여기서는 기대와 성과 사이에서 발생하는 차이를 분석하는 것을 말한다)을 맡겨보세요. 잡지사에서 편집 업무를 해본 적이 있는 콘텐츠 전문가가 있나요? 그렇다면 그 사람이 특집기사 디자인이나 톤앤매너를 책임지고 이끌도록 하세요.

대상별 분류 : 누구를 위한 것인가?

고객과 회의를 할 때 프로그래머가 원본 코드를 보여주는 일은 거의 없습니다. 고객(또는 매니저)에게 전달되는 모든 시각적 디자인과 인터페이스 프로토타입을 만들기까지의 과정에는 관련 팀 외에는 알 수 없는 수십, 수백 번의 회의와 화이트보드 스케치가 있었을 것입니다. 마찬가지로 고객에게 굳이 우리의 작업을 모두 드러낼 필요는 없습니다.

어떤 문서는 자기의 생각과 업무를 정리하기 위해 만듭니다. 그 밖의 정보 설계사, 시각 디자이너, 콘텐츠 관리 시스템 개발자를 위한 문서, 또는 승인이나 수정을 위해 고객에게 아이디어를 제안하는 문서도 있습니다. 각각 특징을 가진 개별 문서가 동일한 대상층을 타깃으로 하는 경우는 극히 드뭅니다. 엑셀 시트나 자세하게 설명된 콘텐츠 문서보다는 핵심 요약과 작업 중에 떠오른 관련 질문만을 요청하는 고객이 있는가 하면, 조직 내 팀원들이 고객이나 매니저도 찾지 않는 구체적인 내용의 문서를 요청하는 경우도 있습니다. 예를 들어 정보 설계사는 각 콘텐츠의 특성, 구조, 중요도에 대해 고객이 원하는 수준 이상으로 자세히 알고 싶어 합니다.

사람들이 필요로 하는 것을 제공하되 쓸데없이 많은 것을 보여주지 마세요. 모든 것을 보고 싶어 하는 고객도 있을 것입니다. 하지만 다 보여주기보다는 조금 덜 보여주는 방식을 취하면 콘텐츠의 승인 절차가 더욱 빨라질 것입니다. 즉, 발표하는 동안 사람들에게 '이 건에 대해 지금 답을 드릴 수가 없습니다'라고 여러 번 반복하지 않아도 됩니다.

결과물을 선택하고 소개하며 준비하는 과정에서는 항상 사용자층을 염두에 둬야 합니다. 그러면 가장 까다로운 고객이나 상사라도 여러분이 원하는 피드백과 승인을 더욱 수월하게 처리해줄 것입니다.

대변인이 되어라

거의 모든 프로젝트에는 긴장 속에 공존하는 두 개의 니즈, 즉 고객의 니즈와 사용자의 니즈가 있습니다. 성공적인 프로젝트에서는 이 두 가지 니즈가 상호 보완적인 경우가 많지만, 서로 충돌하는 경우도 있습니다. 후자의 상황에서 콘텐츠 전문가는 주로 사용자의 입장에 서게 됩니다. 시각 디자이너는 고객 취향에 따라 무슨 색을 쓸지 고민하지만, 콘텐츠 전문가는 주로 사용자 리서치를 참고하는 경우가 더 많기 때문입니다.

예를 들어 누군가가 특정 콘텐츠를 반드시 홈페이지(랜딩 페이지나 윤리적인 페이지)에 올려야 한다고 하면 그 콘텐츠를 올리는 것이 사용자에게 도움이 되는지 확인해봐야 합니다. 이렇게 확인하지 않고 지시 사항을 바로 거부할 수는 없습니다. 이러한 지시는 대부분 내부의 복잡한 정치적 상황에서 발생합니다. 그러나 요청 사항 뒤에 숨겨진 근본적인 이유를 잘 파악한다면 유용한 콘텐츠를 만드는 방법이나 사용자에게 도움이 되는 다른 대안도 추천할 수 있을 것입니다.

이 작업은 매우 성가시고 불편하게 여겨질 수도 있지만 배워볼 만한 기술이기도 합니다. 다만 몇 가지 고려할 점이 있습니다.

- 사용자 입장을 대변한다고 해서 비현실적인 이상주의자가 되는 것은 아닙니다. 다른 편집 동료들을 통해 배웠듯이, 사용자가 콘텐츠를 외면한다면 그 프로젝트는 실패한 것이나 다름없으니까요. 사용자의 니즈와 입장을 대변하는 것이야말로 프로젝트가 비즈니스 목표를 달성할 수 있는 가장 확실한 방법입니다.

- 여러분이나 동료들이 만들어놓은 사용자 페르소나 또는 프록시는 든든한 근거 자료가 됩니다. 자신의 의견이나 다른 사람의 의견에 대한 확인이 필요할 때 이러한 도구들을 사용해보세요. 좀 더 근본적인 차원에서 답을 얻을 수 있습니다.

- 콘텐츠 전문가는 내부적인 갈등에 엮이기 쉽습니다. 이런 상황에 휘둘리지 않도록 주의하세요.

약간 다른 얘기이지만 콘텐츠 전략가는 콘텐츠를 대변하는 역할도 해야 합니다. 누군가 새로운 기능을 제안하거나 계획에 큰 변경이 생겼을 때, 결정이 필요한 요구 사항을 (재빨리) 찾아내고 그것이 실현 가능한지 확인해봐야 합니다.

프로젝트의 정의

프로젝트의 규모가 기존의 콘텐츠를 발행, 운영하는 작업보다 크다면 컨설턴트든, 내부 프로젝트를 이끌어나가는 사람이든 누군가 프로젝트를 정의하는 단계를 꼭 거쳐야 합니다. 프로젝트가 대규모라면 프로젝트를 정의하는 데만 몇 개월이 걸릴 수도 있습니다. 반면 소규모 내부 프로젝트는 정의하는 데 15분이 채 걸리지 않을 수 있습니다. 중요한 점은 이 프로젝트를 통해 달성하고자 하는 목표가 무엇인지 충분한 시간을 가지고 파악하는 것입니다. 여러분을 비롯해 그 프로젝트에 관여하는 사람도 모두 목표에 공감하고 동의해야 합니다.

우리는 무엇을, 왜 하고 있는가?

컨설턴트에게 프로젝트의 정의는 대개 제안 요청서[RFP, Request for Proposal] 또는 고객으로부터 전달받은 관련 문서에서 시작됩니다. 콘텐츠 작업은 비즈니스의 목표와 분리될 수 없기 때문에 콘텐츠 종사자들은 고객의 목표를 자세히 알고 있어야 합니다. 이미 계약이 체결된 후에 팀에 합류했다면 관련 문서나 제안서가 있는지 반드시 물어보고, 콘텐츠 전략이 잘 반영되어 있는지도 내부 회의나 고객과의 첫 만남에서 확인해봐야 합니다.

보통 복잡한 프로젝트는 팀별로 무슨 작업을 할지 명확히 설명되어 있는 크리에이티브 및 커뮤니케이션, 혹은 프로젝트에 대한 개요가 필요합니다. 프로젝트가 원만하게 진행되기를 바란다면 이러한 문서 작업을 미리 준비하여 콘텐츠에 대한 니즈가 처음부터 잘 반영되도록 해야 합니다.

내부 팀원이라면 정식 제안 요청서나 제안서를 보지 않을 수도 있습니다. 하지만 프로젝트 정의 단계를 건너뛰어서는 안 됩니다. 내부 프로젝트는 내용이 복잡해서 정리하기 어려운 경우가 많은 데다, 의사 결정자들의 목표나 요구 사항이 모호하면 프로젝트를 진행하다가 나중에 문제가 생길 수도 있습니다.

이해관계자들을 만나라

컨설턴트나 조직 내의 팀원이라면 이해관계자 리서치(또는 관찰)를 하고 싶을 것입니다. 이해관계자stakeholders는 고객의 입장에서 프로젝트를 책임지거나 프로젝트를 성공적으로 마무리짓는 데 깊은 관심이 있는 사람을 말합니다. 대규모 프로젝트에서는 전체적인 콘텐츠나 웹사이트 전반에 걸쳐 밀접하게 관계되어 있는 대표이사, 부서나 팀의 리더, 내부 직원들이 이해관계자가 되겠지요. 소규모 프로젝트에서는 소수 이해관계자들과의 면담으로 족하지만, 대규모 조직이 진행하는 프로젝트에서는 면담만 수십 번 해야 하는 경우도 있습니다.

이해관계자와의 인터뷰를 잘 계획하고 전반적으로 잘하기 위해서는 사고력과 경험이 필요합니다. 리서치팀에서 이 일을 대신해줄 수 있지만 일단 배워두면 좋을 것입니다. 초기에 작성한 면담 계획이 아무리 좋았다 하더라도 막상 프로젝트가 시작되면 분명 후속 질문을 해야 하는 상황에 맞닥뜨릴 것이기 때문입니다.

제안 요청서, 제안서, 고객과의 첫 만남, 이해관계자 면담을 통해 필요한 모든 정보를 수집했다면 이를 유용하게 만드는 작업을 해야 합니다. 크리스티나 할버슨이 쓴 《웹 컨텐츠를 말하다》 5장에는 브레인트래픽사의 멜리사 래치Melissa Rach와 함께 개발한 과정을 토대로 정보를 효과적이고 실질적으로 정리하는 방법이 소개되어 있습니다. 이 방법은 고객이나 매니저들에게 얻은 정보를 비즈니스 목표, 전략, 요구 사항, 프로젝트 목적에 따라 분류한 것입니다. 다음은 크리스티나 할버슨의 책에 있는 내용입니다.

- 비즈니스 목표는 조직이 전사적(全社的)으로 성취하고자 하는 바입니다. 잘 알려진 예로, 구글의 비즈니스 목표 중 하나는 '악해지지 말자(Don't be evil)'입니다.

- 전략은 이해관계자에게 받은 자세하고 구체적인 요청 사항으로 면담을 하다 보면 반복적으로 듣게 될 것입니다. 예를 들어 '메뉴를 명확히 구현하라', '검색 기능을 강화하라'는 자주 거론되는 이슈입니다.

- 요구 사항은 프로젝트에서 고정적인 항목으로 서비스 오픈 날짜, 프로젝트 예산, 사용 가능한 리소스 등이 있습니다.

- 프로젝트 목적은 요구 사항을 반영할 때는 물론이고 비즈니스 목표를 가지고 전략을 수행할 때 실현될 수 있습니다. 가령 '조직의 전사적(全社的) 집중 대상 중 하나인 교육 콘텐츠를 웹사이트에 더 많이 반영하자'와 같이 콘텐츠 전략을 통한 목표 달성도 포함할 수 있습니다.

이외에도 크리스티나 할버슨의 책은 알찬 내용이 가득하니 읽어보시기 바랍니다.

프로젝트의 성공을 어떻게 알 수 있는가?

프로젝트 정의 단계를 마무리하기 위해서는 프로젝트의 '성공'이 무엇을 의미하는지 알아야 합니다. 즉, 성공을 어떻게 측정할지 결정해야 한다는 말입니다. 어떤 사람은 이를 명확하게 '성공 지표'라고 일컫지만 저는 게임 기획 분야에서 많이 쓰는 '승리의 조건'이라는 용어를 더 좋아합니다. 체스 게임에서는 체크메이트 상황이면 이깁니다. 또 '워^{War}' 게임에서는 카드를 다 잃지 않으면 이기고, '고^{Go}' 게임에서는 가장 넓은 땅을 차지하면 승자가 됩니다. 이처럼 게임에서는 승리의 조건이 명확한데, 이는 콘텐츠 프로젝트에도 동일하게 적용할 수 있습니다.

사실 얼마만큼 성공한 것인지 측정할 수 없다면 그 성공은 엉터리입니다. 달성하고자 하는 목표를 성공의 측정 기준에 맞게 최대한 변화시키고, 목표를 실제로 달성했는지 충분히 설명할 수 있을 만큼 구체적으로 표현해야 합니다. 만약 사이트의 트래픽이나 가입 회원 수를 늘리고자 한다면 목표 수치가 얼마이며 그것이 달성 가능한 현실적인 수치인지, 성공이라고 판단되는 수치를 달성할 때는 언제인지, 목표 수치에 못 미친다면 이를 구분하는 방법은 무엇인지 등의 조건이 있을 것입니다.

프로젝트의 성공 조건을 문서로 정리했다면 프로젝트 정의와 관련된 모든 정보를 한 군데로 모으는 것이 좋습니다. 이 자료를 고객이나 팀원들에게 보여주겠다면 형식을 지켜 작성한 프로젝트나 커뮤니케이션 요약본을 만들고 싶을 것입니다.

리서치와 평가

이제 프로젝트의 목표와 고객의 요구 사항을 모두 알았으니 리서치를 시작할 때입니다.

사용자, 그들은 누구이고 무엇을 원하는가?

오늘날의 웹개발팀은 대부분 사용자 리서치를 실시하고, 사용자의 니즈를 반영한 기능을 개발하면서 프로젝트를 시작합니다. 콘텐츠만을 필요로 하는 경우에도 마찬가지입니다. 사용자 리서치의 목적은 가설, 가정(假定), 선입견을 넘어 사람이 읽고 보고 듣는 데 무엇을 필요로 하고 원하는지를 알아내는 것입니다.

그럼 누가 사용자 리서치를 수행할까요? 이는 프로젝트에 따라 다릅니다. 정보 설계사와 사용자 경험 디자이너 같은 경우는 관련 기술을 다루는 데다 스스로 자주 리서치하는 사람들입니다. 콘텐츠 전략가도 뛰어난 리서치 전문가가 될 수 있습니다. 저는 가능한 한 사용자 리서치 단계에서 정보 설계사나 사용자 경험 디자이너와 협업하는 것을 선호합니다.

내부 팀은 스스로 쌓은 경험이나 정보만으로 사용자를 이해하려는 경향이 있습니다. 이런 정보와 지식 또한 소중하지만 제대로 된 사용자 리서치를 참고하지 않으면 거기에 숨어 있는 중요한 무언가를 놓칠 수도 있습니다. 비공식적으로 내부 프로젝트를 진행하고 있다면 콘텐츠가 '초기 승인'을 받을 때까지 사용자 리서치를 뒤로 미뤄두고 싶겠지요. 모든 프로젝트의 요구 사항을 충족시키고 팀원들이 기대하는 바를 완벽히 이해했더라도 정작 사람들이 읽고 보고 듣지 않는다면 그 프로젝트는 실패라는 것을 잊지 마세요.

면담과 프록시

일반적으로 면담은 첫 번째로 거쳐야 할 단계입니다. 이해관계자와의 면담처럼 참가자를 선정하는 데도 기술이 필요합니다. 참가자를 얼마나 잘 선정하느냐에 따라 이들로부터 얻는 정보가 유용할 수도, 쓸모없을 수도 있습니다.

기본적인 사용자 면담을 마쳤다면 이제 사용자 프록시를 구성할 수 있습니다. 각각의 사용자를 대변하는 사용자 프록시를 통해 새로 알게 된 정보들을 종합해보거나 아이디어를 발전시키는 데 도움이 되는 사용자의 니즈와 행동을 파악할 수 있습니다. 사용자 프록시에는 페르소나, 사용자 시나리오, 사용 예시, 사용자 행동 흐름표 등이 있는데, 이들은 모두 오랫동안 다방면에 걸쳐 논의되었습니다. 사용자 프록시를 구성할 때 화려하고 틀을 갖춘 문서를 만들건, 화이트보드에 막대 모양의 사람 그림을 그리건 형식은 중요하지 않습니다. 가장 중요한 것은 누군가가 제대로 마무리하는 것입니다.

사용자 리서치를 할 때쯤이면 프로젝트의 기존 콘텐츠 검토 작업을 시작해도 좋습니다. 성격이 다른 두 가지 리서치를 동시에 시행한다는 것이 부담스러울 수도 있지만, 고객과 사용자에게 완전히 몰입하는 데 이보다 더 좋은 방법은 없습니다.

엑셀 시트를 이용한 콘텐츠 목록

프로젝트를 더 진행하기 전에 기존 콘텐츠에 어떤 것들이 있는지 확인해봐야 합니다. 이 단계를 흔히 콘텐츠 수량 조사 또는 콘텐츠 목록이라고 합니다. 콘텐츠를 구분하는 데 도움이 되는 내용은 웹에서도 충분히 찾을 수 있으니 여기서는 간단히 설명하겠습니다. 기본적으로 여러분은 매우 구체적인 사이트맵을 그릴 것입니다. 사이트맵에는 기존 콘텐츠뿐만 아니라 작업 중인 웹사이트의 모든 페이지와 콘텐츠가 포함됩니다.

콘텐츠별 목록에 포함되는 항목은 다음과 같습니다.

- 콘텐츠의 제목
- 형식(기본 텍스트, 비디오, PDF 등)
- URL 또는 저장소
- 콘텐츠의 유형(랜딩 페이지, 기사, 지원 페이지, 연락처 페이지 등)
- 책임자(콘텐츠 운영을 책임지는 사람)

저의 회사에서는 대규모 사이트의 목록 작업을 할 때면 블랙커피, 야근, 힘을 북돋는 신나는 음악(예를 들면 플레이스테이션2의 비디오 게임 '카타마리 다마시Katamari Damacy'의 주제곡)은 필수입니다. 큰 사이트의 완벽한 목록을 만들려면 많은 시간이 걸리지만, 어떤 작업을 할지 한눈에 이해하는 데는 콘텐츠 목록만한 것이 없습니다.

콘텐츠 선택 : 수준 검증

목록 작업이 어느 정도 끝났다면 콘텐츠의 전부 또는 일부에 대한 수준을 검증하고 싶을 것입니다. 이 단계의 콘텐츠는 있는 대로 수집한 것이기 때문에 어느 정도 수준 검증 qualitative audit이 필요합니다. 이때 한 가지 중요한 문제가 있습니다. 스스로 어떤 수준의 콘텐츠를 원하는지 알 수 없다면 무엇으로 콘텐츠를 평가할 수 있을까요? 누가 봐도 엉망인 콘텐츠라면 평가하기 쉽겠지요. 하지만 사용자 니즈를 파악하기 전까지는 콘텐츠가 제대로 사용되고 있는지 정확히 알 길이 없습니다.

이것은 수준 검증이 필요한 시점을 결정하는 데 가장 중요한 영향을 미칩니다. 현재 콘텐츠 수준 검증의 시점을 결정하기 어려운 상황이라면, 검증 절차 전에 미리 사용자 리서치를 끝내거나 페르소나와 프록시를 준비합니다. 1장에서 다룬 기본 원칙을 토대로 콘텐츠를 평가할 수 있을 것입니다. 좋은 콘텐츠를 만드는 기본 원칙을 되짚어보겠습니다. 이 콘텐츠는 적합한가? 유익하고 사용자 중심적인가? 명확하고 일관되며 정확한가? 적절한 근거를 뒷받침으로 하는가? 기간이 지났거나 틀린 내용은 없는가?

콘텐츠의 수준을 판단하는 것은 여러분에게 달려 있습니다. 목록 내에 있는 모든 콘텐츠의 수준을 확인할 시간과 리소스가 있는지 결정하고, 모두 검증할 수 없다면 대표 콘텐츠 위주로 수준을 검증해야 할 것입니다.

나중에 수정 사항을 제안하기 시작하면 이를 반영하는 작업이 얼마나 될지를 고객이나 상사에게 설명할 수 있어야 합니다. 콘텐츠의 수준 검증은 수정할 사항을 찾아내는 과정이기도 합니다(만약 여러분이 팀 내부에서 콘텐츠의 운영과 유지 보수도 맡고 있다면 실시간으로 콘텐츠의 수준을 확인하고 콘텐츠를 업데이트할 수 있는 조건을 갖게 됩니다).

그 밖의 리소스

콘텐츠의 수준 검증보다 리소스 평가를 위해 해야 할 일이 더 많습니다. 중규모 또는 대규모 프로젝트라면 콘텐츠가 어떻게 계획되고, 만들어지고, 승인되고, 제작되고, 유지되는지 콘텐츠 발행 순서나 흐름을 문서화하는 작업이 필요할 것입니다. 누가 단기적으로 콘텐츠를 만들고 수정할 수 있는지, 콘텐츠 예산을 파악해 콘텐츠 개발과 운영을 위한 현실적 제안도 할 수 있어야 합니다.

만약 사이트를 처음부터 새로 디자인하는 것이라면 검증해야 할 콘텐츠가 많지 않을 것입니다. 하지만 작가, 일러스트레이터, 콘텐츠 제작자, 사진 모음, 기존의 멀티미디어 콘텐츠, 스튜디오 사용 시간 등과 같이 사용 가능한 콘텐츠 리소스에 대해서는 문서화하는 작업이 필요합니다.

이제 다음 작업을 할 차례입니다.

- 프로젝트 정의 단계에서 검색엔진과 트래픽 분석 시작하기
- 프로젝트에 적합한 사용성 또는 접근성 검토하기
- 지원 가능한 다국어 버전, 지역화(地域化) 및 번역 작업의 진행 상황 문서화하기

콘텐츠 목록과 검증 작업에서 위 과정의 일부 또는 전부를 적용해볼 수 있을 것입니다. 작업이 끝나면 각 과정과 평가의 기준, 연구 결과들을 간단히 요약해놓으세요. 이러한 연구 결과를 담은 문서는 단순한 엑셀 시트보다 고객에게 훨씬 유익한 자료가 될 수도 있습니다.

경쟁사 분석

경쟁사 분석은 일반적으로 여러분(또는 고객)의 경쟁사가 발행한 콘텐츠를 간단히 검증해보는 것을 의미합니다. 어떤 프로젝트에서는 경쟁사에만 한정되지 않을 수도 있습니다. 회사 내의 부서가 진행하는 프로젝트의 경우, 외부 경쟁사의 콘텐츠는 물론이고 다른 부서의 콘텐츠까지 분석하기도 합니다. 비영리 단체의 경우, 같은 분야의 조직만 대상으로 하기보다 유사한 작업을 진행하는 사이트 또는 비슷한 사용자층이나 브랜드를 가진 조직도 같이 분석하는 것이 더 효과적입니다.

엑셀 시트를 이용해 콘텐츠를 자세히 분석하는 대신 훑듯이 경쟁사 분석을 해볼 수도 있습니다. 콘텐츠를 간단히 설명하고, 특별히 뛰어나거나 부족한 부분에 대해 메모를 남기면서 체계적으로 훑어나가봅시다. 결과적으로 어떤 콘텐츠로 이루어져 있는지, 잘된 콘텐츠나 삭제해야 할 콘텐츠가 무엇인지 잘 파악할 수 있습니다.

종합 평가

정보를 모두 취합했다면 새로 깨닫게 된 점이 무엇인지 확인해봐야겠지요. 종합 평가는 형식적인 20쪽 분량의 보고서를 만들거나 몇 군데에 이메일을 보낸 다음 복도에서 만나 간단히 얘기를 나눈 뒤 끝낼 수도 있습니다. 그러나 종합 평가는 이 두 가지 방식의 중간 정도로 하는 것이 이상적입니다.

콘텐츠 수준 검증 시 알게 된 주의 사항, 경쟁사 분석, 프로젝트를 늦추지 않고도 적용 가능한 '빠른 수정' 방안(깨진 페이지, 틀린 맞춤법, 잘못된 사실 수정하기, 사용 가능한 파일 버전으로 바꾸기 등)을 효과적으로 파악할 수 있습니다. 즉, 프로젝트의 기본적인 이해에 변화를 가져온 부분들을 요약해 문서화할 좋은 기회이기도 합니다.

가장 중요한 것은 동료가 리서치 결과를 통해 더 나은 작업을 할 수 있다는 사실과 고객 또한 앞으로의 프로젝트를 위해 리서치 결과가 암시하는 바를 잘 이해할 수 있어야 한다는 점입니다.

전략과 디자인

프로젝트의 목표와 성공 측정 기준을 명확하게 정의하고, 사용자의 니즈와 사용 가능한 리소스도 파악했다면 콘텐츠 전략을 시작할 준비가 된 것입니다. 이제 여러분은 프로젝트의 첫 번째와 두 번째 단계에서 배운 모든 것을 활용하고, 사용자의 니즈와 프로젝트의 목적에 맞는 콘텐츠의 콘셉트, 계획, 가이드라인을 개발해나갈 것이라는 뜻입니다.

다음 페이지를 읽다 보면 왜 콘텐츠 권장사항과 가이드라인은 간단히 만들거나 전달할 수 없는지 궁금할지도 모릅니다. 물론 소규모 프로젝트나 비공식 프로젝트 일부에서는 간단하게 전달할 수 있습니다. 대규모 프로젝트에서도 고객에게 여러 종류의 작업을 한 번에 보여줄 수 있습니다. 저는 작업을 순서대로 이어서 보여주는 편입니다. 규모가 큰 프로젝트일수록 각각의 콘텐츠가 다음 콘텐츠 작업과 이어지기 때문입니다. 사이트의 핵심 메시지나 구성에 대해 확실히 이해하지 못한다면 사이트 내에서 이러한 메시지를 잘 전달하고 녹여낼 수 있는 커뮤니케이션 방안을 찾아내기가 어려울 것입니다. 주요 변경 사항과 새로운 아이디어에 대해 승인을 받지 않은 채 중요한 세부 사항을 미리 구체화하는 것은 어리석은 짓입니다.

콘텐츠 전략도 시각적 디자인이나 정보 설계처럼 점점 구체화되는 과정을 반복합니다. 1990년대에는 JPEG 이미지가 포함된 웹페이지를 로딩하면 마치 옛날 닌텐도 캐릭터처럼 페이지가 희미하게 보이다가 점점 초점이 맞춰지며 이미지가 나타났습니다. 여러분의 콘텐츠 전략도 페이지가 점점 선명해지듯이 거칠고 모호하던 개요에서 점점 알차고 구체적인 방향으로 진화해나갈 것입니다.

메시지

어떤 프로젝트와 조직에서는 새로운 콘텐츠 전략이 기존 콘텐츠를 정리해주고, 부족한 콘텐츠를 보충하며, 업무 흐름과 운영에서 일정하고 지속 가능한 과정을 세워주기를 기대합니다. 반면 창의적인 콘텐츠와 새로운 콘셉트의 콘텐츠 개발을 요구하는 조직도 있습니다.

어느 경우라도 1장에서 얘기했듯이 사용자에게 전달할 핵심 아이디어의 문서화 작업은 필요합니다. 사이트 내의 다양한 메시지 중에서도 각 사용자층에게 적합한 메시지가 있을 것입니다. 조직이 커뮤니케이션할 메시지를 준비해놓았다면 프로젝트에 적합한 메시지를 선택하기만 하면 됩니다. 그러나 준비된 메시지가 없다면 관련팀과 함께 힘을 모아 메시지를 만들어야겠지요. 조직의 임원이라면 두려워 말고 고객이나 마케팅팀 또는 사내 커뮤니케이션 전담팀에게 메시지 작성 과제를 내주세요.

일부 메시지를 만들었다 해도 대부분 고객이 기존에 가지고 있던 커뮤니케이션 전략에서 사용했던 것일 수 있습니다. 어떤 콘텐츠를 강화할지에 대한 커뮤니케이션 전략이 부족하다면 먼저 여러분이 낸 제안을 승인받는 데 노력을 기울이세요. 내부적인 협의 과정에서 커다란 기폭제가 될 수도 있으니까요.

메시지 문구를 작성하는 데 너무 집착하지 마세요. 메시지는 중요하지만 내부적인 커뮤니케이션 도구로서 최적의 효율성을 위해 마련되어야 합니다. 몇 주 동안 메시지 문구를 작성하는 데 집중하는 것은 소중한 시간을 낭비하는 셈입니다. 이에 대해 크리스티나 할버슨은 다음과 같이 말했습니다.[1]

> 메시지는 콘텐츠를 구성할 뿐 그 자체가 콘텐츠는 아닙니다. 따라서 각 페이지와 영역에 들어갈 콘텐츠를 만들때. 우선 대상층과 페이지의 성격에 적합한 메시징을 해석해야 할 것입니다.

일단 커뮤니케이션이 필요한 핵심 아이디어가 있다면 고객과 함께 확인하고 수정한 뒤 다음 단계로 넘어가세요.

주요 콘셉트

콘텐츠 구성을 이해하기 시작하면 동료와 고객에게 기존 콘텐츠에 비해 새로워진 점과 주요 특징을 소개하고 싶을 것입니다. 하지만 와이어프레임 단계에서 특정 페이지에 대해 얘기하기에는 좀 이릅니다. 이 단계는 광고 프로젝트에서 가장 기다려지고 흥분되는 순간이기도 하지요. 여러분은 단순한 수정 사항이 아닌 새로운 콘셉트와 훌륭한 아이디어를 소개하게 됩니다.

콘텐츠의 구성 디자인을 시작하기 전에 주요 콘셉트 변경 사항을 소개하는 이유는 두 가지입니다. 첫째, 주요 변경 사항을 전략으로 명확하게 소개함으로써 기존에 세웠던 가정(假定)과의 차이점을 발견할 수 있습니다. 이를 통해 세부 전략을 구체화하기 전에 필요한 절차를 미리 만들 수 있습니다. 둘째, 새로운 콘셉트를 미리 소개함

---

[1] 크리스티나 할버슨 지음, inmD 옮김, 《웹 컨텐츠 전략을 말하다》, 에이콘출판, 2010

으로써 대규모의 복잡한 조직이 새로운 방식의 사고에 익숙해지는 것을 도울 수 있습니다. 결과적으로 여러분(또는 고객의 고위 관계자)은 의구심 많은 이해관계자들이 새로운 사고를 접했을 때 저항을 줄이고 멋지게 설득할 수 있을 것입니다. 그렇다면 주요 콘셉트의 특징으로는 무엇이 있을까요?

- 목표 대상층의 변화
- 새로운 콘텐츠와 관련된 주요 특징 – 블로그, 팟캐스트, 위키백과 및 다른 참고자료, 편집 특징(기사, 에세이, 사례 연구), 동영상 소개 등
- 톤앤매너의 주요 변화

추천 콘셉트는 항상 제안하는 수정 사항에 대해 전략적인 근거를 가지고 있어야 합니다. 또한 이러한 근거는 사용자나 이해관계자, 경쟁사 분석을 토대로 뒷받침되어야 합니다.

프로젝트의 콘텐츠를 구성할 개략적인 아이디어와 콘셉트가 승인되었다면 실제 콘텐츠를 위한 계획과 권장사항을 종합해봐도 좋습니다. 아마 각 사이트 내의 구성과 전달 매체에 관한 구체적인 가이드라인과 콘텐츠 니즈 목록을 만들고 싶을 것입니다. 콘텐츠와 템플릿의 좋은 예와 나쁜 예를 간략하게 정리한 가이드라인만 필요할 수도 있습니다.

디자인 구조

어떤 온라인 프로젝트에서든 누군가 웹사이트에 어떤 콘텐츠를 올리고 어떤 콘텐츠를 다른 매체에 올려야 할지 결정해야 합니다. 이러한 결정은 프로젝트 정의 단계는 물론이고, 사용자의 니즈와 비즈니스 목적에 맞는 디자인 구조를 위해 수행한 사용자 리서치, 경쟁사 분석 등 모든 작업에서도 계속됩니다. 결과는 사이트맵과 와

이어프레임(페이지 설명 다이어그램으로 대체하기도 함) 또는 사용자 행동 순서도가 나올 것입니다.

그럼 이것은 정보 설계로 봐야 할까요, 아니면 콘텐츠 전략의 일부로 봐야 할까요?

좋은 질문입니다. 여기에는 다양한 답이 나올 수 있습니다. 정보 설계는 콘텐츠 전략의 일부입니다. 콘텐츠 전략의 특징은 마치 블루베리로 머핀을 만들 듯 정보 설계를 통해 정리되어야 합니다. 사용자 경험 디자인에는 콘텐츠를 비롯해 모든 것이 포함됩니다.

저의 경험을 돌아보면, 뛰어난 정보 설계사(또는 정보 설계 업무를 하는 사용자 경험 디자이너)는 편집 계획, 톤앤매너, 구체적인 콘텐츠 제작 가이드라인의 중요성을 흔히 과소평가합니다. 반대로 뛰어난 콘텐츠 전문가는 어플리케이션의 작동과 인터랙션 디자인이 정보 설계 작업과 깊은 관련이 있다는 것을 흔히 과소평가합니다. 저는 편집에 관심이 많은 정보 설계사나 구조와 데이터에 대해 얘기하길 좋아하는 콘텐츠 전략가와 협업하는 것을 매우 좋아합니다. 하지만 여러분이 처한 상황에 관계없이 디자인 구조에 대해 아는 것은 정말 중요합니다. 디자인 구조를 알면 유용한 피드백과 지원을 제공할 수 있습니다.

이 책에서는 정보 설계의 기초에 대해 다루지 않습니다. 지난 20년간 정보 설계와 인터랙션 디자인, 그리고 사용자 경험 디자인 분야는 전문적인 학문으로서 눈에 띄게 발전했습니다. 디자인 구조에 관심 있는 사람이라면 정보 설계 디자인^{IA design}의 기초와 방법론, 결과물에 대해 배워볼 것을 권합니다.

사이트에 포함할 추천 콘텐츠

작업할 사이트맵과 와이어프레임이 있다면 프로젝트 초기에 취합했던 비즈니스 목적과 사용자 니즈로 되돌아가 콘텐츠 계획을 구체화할 수 있을 것입니다.

여러 콘텐츠가 있는 대규모 웹사이트의 경우, 사이트맵과 와이어프레임에서 선별한대로 섹션별 추천 콘텐츠가 있다면 유용할 것입니다. 이 작업은 이미 이전 단계에서 취합한 관련 정보가 있기 때문에 체계적으로 진행될 수 있겠지요.

이 시점을 미처 확인하지 못한 콘텐츠 전략에 대해 얘기해볼 수 있는 마지막 기회라고 생각하세요. 지금부터 콘텐츠 발행은 전략적인 계획이 될 것입니다. 상급 수준의 콘텐츠 권장사항은 전형적으로 다음의 일부 또는 전부를 포함합니다.

- 각 섹션의 콘텐츠에 핵심 및 보조 메시지 잘 반영하기
- 핵심 (때로는 그다음으로 중요한) 대상층이 각 섹션의 콘텐츠를 소화하도록 하기
- 사이트 내에 콘텐츠에 관한 새로운 주요 기능이 있다면 간단하게 설명하고 소개하기
- 미리 톤앤매너 추천하기
- 커뮤니티 기능 생성 (코멘트, 포럼 등) 추천하기
- 사이트의 주요 대상층이 콘텐츠를 어떤 방식으로 받아들일지에 대해 토론하기
- 작업 중인 여러 종류의 콘텐츠를 배포할 전달 매체 (웹사이트, 이메일, 소셜 네트워크 등) 추천하기

페이지에 포함할 콘텐츠 가이드라인

와이어프레임은 실로 대단합니다. 와이어프레임을 통해 정보 설계사는 시각적 디자인 없이도 사이트 구성을 보여줄 수 있고, 콘텐츠 전략가는 어디에 콘텐츠를 배치할지 참고할 수도 있습니다. 간혹

와이어프레임은 각 페이지의 기능을 대변하는 것처럼 보이기도 합니다. 하지만 사실 결정적으로 와이어프레임이 중요하게 작용할 사이트 콘텐츠 개발자에게 필요한 사항은 어쩔 수 없이 배제하는 경우가 많습니다. 예를 들면 각 페이지에 어떤 콘텐츠가 있어야 하는지, 그 콘텐츠가 사이트 내 다른 콘텐츠들과 어떻게 연결되는지, 어디서 콘텐츠를 가져올지, 콘텐츠를 어떻게 보여주고 들려줄지 등과 같은 사항이 여기에 속합니다.

아주 작은 규모의 프로젝트가 아닌 이상 여러분은 와이어프레임에 꼭 맞는 콘텐츠 가이드라인을 만들고 싶을 것입니다. 저는 이러한 가이드라인을 설명하기 위해 구체적으로 기술한 권장사항과 콘텐츠 스타일 가이드, (아래에서 설명할) 콘텐츠 템플릿을 적절히 조합하여 사용합니다. 프로젝트 정의 단계에서 설명한 것처럼 프로젝트 범위와 목적에 알맞은 가이드라인 문서는 다음의 일부 또는 전부를 포함하게 됩니다.

- 사이트 전체 및 섹션별로 정리한 구체적인 톤앤매너 가이드라인
- 사이트 내에서 연속적인 콘텐츠 게재를 위한 전략
- 광고성 콘텐츠 게재 시 표시하기
- 소셜 및 커뮤니티 가이드라인과 정책
- 유용하고 접근성이 좋은 멀티미디어 콘텐츠 제작을 위한 권장사항
- 메타데이터(다른 데이터를 설명하는 데이터) 계획

콘텐츠 스타일 가이드에는 표준 스타일이나 내부 스타일의 가이드라인(표준 스타일 가이드에서 나오거나 추가됨) 선택, 이미지나 멀티미디어에 대한 구체적인 정보, 소셜 미디어 또는 다른 매체(예를 들어 공식 대표 블로그)의 비표준 스타일을 위한 가이드라인도 포함됩니다. 문서화한 콘텐츠 권장사항과 콘텐츠 스타일 가이드는 콘텐츠 템플릿을 통해 더욱 구체화되면서 발전된 형태를 띨 것입니다.

1분 만에 만드는 콘텐츠 템플릿

콘텐츠 템플릿은 두 가지 목적을 위한 간단한 문서입니다. 첫 번째 목적은, 웹사이트의 와이어프레임에 단락마다 동반하는 가이드를 주기 위함입니다. 두 번째 목적은, 필요한 정보를 가지고 있는 사람부터 그 정보를 커뮤니케이션할 수 있는 사람에 이르기까지 유용한 정보를 취합하는 데 간단하고 효과적인 수단이기 위함입니다. 각 템플릿은 웹사이트 내의 특정 페이지(또는 콘텐츠 모듈)에 대한 구체적인 정보, 즉 각 섹션의 랜딩 페이지, 기사, 서비스 소개 페이지, 직원 소개, 채용 안내 등을 포함합니다.

초안 콘텐츠의 빈칸을 채워나가듯 템플릿에 여러분의 전문성을 입히면 그 콘텐츠가 여러분이 원하는 것인지 아닌지를 명확하게 구분할 수 있습니다. 또한 빈 페이지에서 최면에 걸린 듯 마우스 커서를 움직이고 있는 작가들을 구출해줄 수 있지요.

물론 콘텐츠 템플릿을 만들기 전에 각 페이지를 어떻게 구성할지를 결정해야 합니다. 사용자와 이해관계자에 대한 리서치 결과 및 문서화한 메시지, 작업한 와이어프레임의 총체적인 내용을 바탕으로 각 페이지의 목적을 정해야 합니다. 사이트맵과 와이어프레임에 나타낸 새로운 구성이 기존의 콘텐츠와 어떻게 잘 어우러지도록 할지에 대한 반짝이는 아이디어도 필요합니다. 그러기 위해서는 콘텐츠 목록으로 돌아가 새 콘텐츠에 대한 니즈와 기존의 콘텐츠가 얼마나 잘 부합하는지를 확인해야 할 것입니다.

그다음에 아래의 간단한 네 단계를 통해 콘텐츠 템플릿을 만들어볼 수 있습니다(그림 4 참고).

1. 페이지에 반드시 포함되어야 하는 각각의 정보를 문서로 정리한 다음에 추가 정보를 정리합니다.

2. 각 콘텐츠의 이름 뒤에 보강해야 할 내용을 적어둡니다. 예를 들어 기사를 요약한 글이 내부 관리자 페이지뿐만 아니라 외부의 검색 결과에도 노출된다면 외부 사용자가 더욱 이해하기 쉽게끔 보여줄 필요가 있습니다. 서비스의 장점을 적을 때는 그 서비스가 타깃 사용자층에게 어떤 도움이 되는지를 중심으로 서술합니다.

3. 각 콘텐츠에 대해 스스로 정한 구체적인 조건, 즉 이상적인 단어의 개수, 대문자 스타일, 목록·문단·정렬 등을 나열해봅니다. 그리고 '이 섹션에서 특정 용어는 사용하지 말기 – 전문가가 아니어도 이해할 수 있는 용어 쓰기' 또는 '이 설명은 스크린샷과 캡션으로 대체하기'와 같은 메모도 적어둡니다.

4. 템플릿의 각 콘텐츠에 예시 콘텐츠를 넣습니다. 각 콘텐츠는 여러 형식(목록이나 문단, 스크린샷이나 동영상 클립 등)으로 만들어질 수 있습니다. 가능하다면 다양한 형식의 예시 콘텐츠를 포함시키세요.

콘텐츠 제작 계획

콘텐츠 제작은 글쓰기, 일러스트레이션, 정보의 시각화, 메타데이터와 대체 텍스트 제작, 인터페이스 구성을 포함하는 것은 물론이고, 창의적인 방향성과 전형적인 편집 리더십에 의해 움직입니다. 여러분은 이 책에서 글쓰기를 굳이 '웹 글쓰기'라고 표현한 적이 없다는 것을 눈치채셨는지요? 그 이유는 웹에서 글을 쓰는 것이 오프라인 출판물의 글쓰기와 다르기는 하지만, 더 큰 인터넷상의 콘텐츠 발행 관점에서 봤을 때 '웹'은 그저 한 분야에 불과하기 때문입니다. 우리는 웹에서 글을 쓰지만 어플리케이션, 이메일, 모바일, 그리고 다양한 카테고리의 서비스에서도 글을 씁니다.

이 책은 글쓰기에 관한 지침서도 아니고 일반적인 커뮤니케이션을

콘텐츠 템플릿

섹션 이름 : 페이지 제목
확인 코드 : 2.1.4   URL : http://www.widgetcorp.com

사용자층	소규모 제조회사의 의사결정자(핵심 대상), 개발자(보조 대상)
핵심 메시지	프로젝트에서 전반적으로 커뮤니케이션할 핵심 메시지를 입력하세요.
사용자층을 대상으로 한 메시지	위의 사용자층 또는 특정 사이트 섹션, 서비스나 제품을 위해 만든 메시지를 넣으세요.
페이지의 목적	커뮤니케이션을 통해 소규모 제조회사의 의사결정자에게 제품의 장점을 전달하여 판매량을 증가시킵니다.
톤앤매너 설명	직설적인 문체, 짧고 명료한 문장과 강력한 동사를 사용합니다. 이 페이지는 제한적인 특정 사용자층을 대상으로 하기 때문에 명확하고 효과적인 커뮤니케이션을 위해서라도 때로 전문 용어를 사용할 필요가 있습니다. 문장에서 '저'나 '우리'보다는 '당신'이라는 단어를 사용할 것을 권장합니다.

제품 및 서비스에 대한 설명(어떤 제품인가?)
제품 및 서비스명 : 울트라 딜럭스 위젯   **제품 라인명** : 슈퍼위젯 슈트 2011

> 이 설명은 제품의 이름을 제외하고 최소한 하나의 명사를 포함해야 합니다.

제품 및 서비스에 대한 간단한 설명(2~3문장)
이곳에 설명을 쓰세요. 짧은 두세 문장으로 제품 및 서비스를 최대한 잘 나타낼 수 있어야 합니다. 또한 이 설명은 '무슨 제품 또는 서비스인가?', '누구를 위한 제품인가?', '이 제품으로 무엇을 할 수 있는가?' 등에 대한 답이 되어야 합니다.

제품 및 서비스 설명 예시
Widget Corp사의 울트라 딜럭스 위젯은 노퍼-피스톤 핀의 작동과 왕복 운동 시 사인 곡선 감소에 쓰이는 역반응을 제공하는 메커니즘입니다(여기에 각 콘텐츠에 대한 실제 예시 또는 적당한 예시 카피를 넣습니다. 콘텐츠당 두세 개의 예시가 적당합니다).

> 제품 패키지에 다양한 할인 정보와 관련 영업팀의 전화번호나 이메일 주소를 넣으세요.

영업팀 연락처 정보 :
구입한 페이지로의 연결 또는 연락처/이메일 정보

제품의 장점과 기능(이 제품을 사용하면 무엇이 좋은가?)

> **장점**은 고객 중심적이어야 하고, '이 제품이 나에게 무엇을 해줄 수 있는가?'에 대한 답이 됩니다.
>
> **기능**은 제품에 대한 설명이자 '이 제품의 장점을 어떻게 보여주는가?'에 대한 답입니다. '비용을 얼마나 줄일 수 있는가?', '고객이 기대하는 효용성을 어느 정도 높일 수 있는가?' 등에 대해 장점을 최대한 구체적으로 표현하세요.

장점/기능
- 장점/기능 #1 : 장점으로 시작하여 주요 특징과 사용 가능한 기능을 나열하세요.
- 장점/기능 #2
- 장점/기능 #3

예시
- 유지 비용을 반으로 줄여줍니다. 기계의 고장을 일으키는 요소를 나선형 원격 장치로 대체하여 불순물을 제거해줍니다.
- 오작동을 예방합니다. 6개의 마르젤베인 펜타메트릭 팬을 추가했습니다.
- 생산량을 15%까지 높여줍니다. 아미노화한 베넬-스프로켓으로 구성된 일방향 역류의 힘을 이용합니다.

추가 정보(무엇이 포함되었는가? 어떻게 작동하는가?)

제품에 따라 다음의 추가 정보를 포함할 수도 있습니다.

- **기능 목록** – 어떤 제품은 간단히 목록으로 나타낸 장점보다 더 중요한 기능을 가지고 있는데, 이러한 기능을 이곳에 적을 수 있습니다. 이 기능은 첫 페이지에서 보여준 장점 목록과는 다릅니다.
- **기능 비교표** – Widget Corp사의 한 제품을 유사한 경쟁사의 제품과 비교하거나 Widget Corp사의 제품 라인 중 다양한 설정 사양과 비교해봅니다.
- **새로운 기능!** – 제품 라인을 소개한 후 새로운 기능에 대해 간단히 소개합니다.

그림 4: Widget Corp사의 제품 페이지를 위한 예시 콘텐츠 템플릿. 서비스 용어는 http://bkaprt.com/cs/11/[2]에서 인용함.

[2] 긴 URL: http://en.wikipedia.org/wiki/Turboencabulator

다루는 책도 아닙니다. 또한 세상은 더 이상 웹 글쓰기 기초 또는 시각 디자인의 기본 원리 같은 것을 알려주는 책을 필요로 하지 않습니다. 그럼에도 모든 콘텐츠 전략가들은 콘텐츠 개발 시 부딪히는 어려운 점을 이해하고, 프로젝트 요구 사항에 맞는 콘텐츠 제작을 이끌어나가야 합니다.

콘텐츠 제작에는 세 가지 방법이 있습니다. 전문 콘텐츠 제작자 또는 내부 전문가로부터 콘텐츠를 얻는 방법과 다른 누군가의 콘텐츠를 가져와 사용하는 쉬운 방법이 있습니다. 수많은 마케팅 계획이 떠오르는 가상 세계에서는 이 세 가지 방법이 똑같이 유용하고 매우 명확하겠지요. 하지만 현실 세계에서의 콘텐츠 제작은 복잡하고, 혼란스럽고, 위의 세 가지 방법을 서로 분리할 수 없는 경우가 많습니다.

전문 콘텐츠 제작자

- **장점** : 전속 프리랜서 또는 스태프 작가/비디오 제작자/커뮤니케이션 전문가는 우리가 원하는 콘텐츠를 만들어낼 시간이 충분하고 전문성 또한 갖추고 있습니다(그렇지 않다면 고용하지 않았겠죠).

- **단점** : 누가 글을 쓰고 일러스트레이션과 동영상을 제작하든 간에 누군가는 그들이 무엇을 커뮤니케이션할지 결정해줘야 합니다. 복잡한 서비스의 장점을 소개하거나 사용자에게 어려운 과정을 설명해야 하는 경우. 프리랜서 작가나 웹편집자는 이 주제에 대해 내부 전문가의 도움 없이 유창하게 글을 쓰기 어려울 것입니다.

내부 전문가

- **장점** : 내부에서 콘텐츠 제작자를 구했다면 대부분 주제와 관련된 지식이 있는 사람일 것입니다. 마케팅 배경 지식이 있는 사람이라면 사용자층에 대해 잘 알고 있을 것입니다. 게다가 득이 될 수도 있고 해가 될 수도 있는 내부의 조직 문화도 잘 알고 있을 테지요.

- **단점** : 주제별 전문가는 콘텐츠를 만들기에 너무 바쁘거나 자신의 전문 지식을 사용자층이 이해하기 쉽게끔 커뮤니케이션하지 못하는 경우가 많습니다. 콘텐츠 전략에서 가장 어려운 일 중 하나는 콘텐츠를 제작할 때 전문가의 아이디어를 제작자에게 잘 전달하는 것입니다. 전문 편집자 또는 승인 절차 없이 내부 전문가에게만 의존하고 있다면 문제를 키우고 있는지도 모릅니다.

콘텐츠 큐레이션

외부 작가나 내부 전문가들과 함께 일하면서 문제가 발생한다면 콘텐츠 '큐레이팅' 또는 다른 사람이 만든 콘텐츠를 취합함으로써 이를 피할 수 있습니다.

- **장점** : 인터넷에서 공들여 선정한 콘텐츠를 연결시키고, 사용자들이 토론할 수 있도록 콘텐츠에 주석을 달며 틀을 잡아줍니다. 이는 사용자 중에서 원하는 콘텐츠를 찾을 시간이 없거나 여러분의 편집 스타일을 좋아하는 사람에게 적합합니다.

- **단점** : 원본 콘텐츠를 제작하는 것이 아니기 때문에 값싼 대체 콘텐츠처럼 보일 수도 있습니다. 다른 사람이 만들어놓은 콘텐츠에 링크를 연결하는 것이 얼마나 어렵겠습니까? 하지만 대규모 콘텐츠 큐레이션은 결코 간단하거나 비용이 적게 드는 작업이 아닙니다. 좋은 콘텐츠 큐레이션은 오히려 많은 시간이 들고, 흥미로운 정보에 발빠른 사람의 관심과 노력이 필요합니다. 취합한 자료를 가지고 설득력 있는 서술을 만들어낼 편집 능력도 필요합니다.

콘텐츠 큐레이션은 일종의 유행과도 같기 때문에 잘못된 의도로 행해질 수 있다는 단점이 있습니다. 사용자의 실제 니즈를 만족시키기보다는 입소문의 영향을 더 많이 받고, 대량의 콘텐츠를 내놓을 수 있는 간단한 방법이기 때문입니다. 리소스가 한정적이기 때문에 사용자의 니즈를 만족시키지 못하는 전략으로 변질될 수도 있습니다. 콘텐츠 큐레이션도 블로깅처럼 하나의 유용한 콘텐츠 기획이 될 수 있지만 이 또한 시간이 지날수록 많은 시간과 주의가 필요합니다.

마무리하기

자, 요약하자면 콘텐츠 개발은 까다롭고 시간과 비용이 드는 작업입니다. 하지만 더 쉽고 효과적으로 콘텐츠 개발을 하기 위해 할 수 있는 일은 많습니다.

- 강력한 조직 기술과 편집 능력을 가진 편집 책임자를 지정하세요. 내부 작가 혹은 외부에서 콘텐츠 제작자를 섭외하든 그 사람이 콘텐츠 개발 과정을 관리, 감독해줄 것입니다. 그에게 최대한 많은 권한과 지원을 제공하세요. 조직의 리더가 내부 작가에게 편집 책임자의 요청을 최우선 순위로 할 것을 분명히 한다면 작업이 훨씬 신속하게 마무리될 것입니다.

- 전문 콘텐츠 제작자가 있다면 콘텐츠를 쓰는 데 필요한 정보를 취합하기 위해 직접 면담, 전화 또는 이메일 면담 일정을 잡으세요. 첫 만남에서는 주로 답변보다 질문이 더 많이 나오므로 반드시 두 번 이상 면담을 계획하세요.

- 그다음으로 전문가가 이끄는 가운데 최종 콘텐츠의 내용에 오류가 있는지 확인하는 작업 위주의 검토를 계획하세요. 사람들이 잘 모르는 전문적인 용어를 읊어대는 전문가나 커뮤니케이션에 능숙하지 못한 사람일지라도 사실 확인을 위한 검토는 할 수 있습니다. 콘텐츠 제작자 역시 최종 콘텐츠에 화려한 미사여구나 전문 용어가 난무하지는 않는지 주의를 기울여야 합니다.

- 내부 전문가에게 콘텐츠(또는 점검하지 않은 정보)를 요구하기 전에 리더 위치에 있는 전문가와 커뮤니케이션하도록 설득하세요. 어떤 종류의 콘텐츠가 필요한지, 전문가 부서의 도움이 필요한 콘텐츠는 무엇인지, 관련 마감 기한 등에 대해 직접 얘기를 나누면 불편한 내부 저항을 줄이고 긴장을 완화할 수 있습니다. 또한 업무에 있어 전략이 얼마나 중요한지에 대해 저도 잘 전달할 수 있습니다.

- 내부 리소스에 여유가 없다면 일시적으로나마 내부 전문가의 업무량을 줄일 수 있는 다른 방법을 찾아보세요. 다른 업무를 미루거나 일상 업무 중 중요하지 않은 절차를 잠깐 건너뛸 수도 있습니다. 그러면 여러분이 원하는 콘텐츠를 얻을 수 있을 것입니다.

- 원하는 콘텐츠 종류에 대한 구체적인 설명을 만드세요. 콘텐츠 템플릿은 큰 도움이 될 것입니다.

- 프로젝트를 설명하고 시간을 벌기 위해 노력하는데도 마감 기한은 다가오고 콘텐츠 작업 진행이 빠르지 않을 수 있습니다. 이때는 며칠 동안 반나절 또는 하루 종일 콘텐츠 작업을 멈추고, 일이 늦은 사람이 더 많은 업무를 할 수 있도록 독려하세요.

콘텐츠 관리 계획

어떤 콘텐츠 전략 컨설턴트는 콘텐츠 운영을 돕기도 하지만, 대부분 장기적인 콘텐츠 관리 문제가 생기기 전에 프로젝트에서 손을 땝니다. 컨설턴트는 프로젝트 막바지에 고객의 레이더망에 스쳐 지나가는 요청에 신경 쓰기보다는, 프로젝트 중에 전달된 권장사항 안에서 콘텐츠 제작과 유지 보수를 다루는 것이 특히 중요합니다.

만약 고객과 전속 웹편집자 간에 발행 과정이 매우 효율적이라면 콘텐츠 스타일 가이드와 콘텐츠 검토에 관한 조언 외에는 별다른 요구 사항이 없을 것입니다. 하지만 고객의 콘텐츠 발행 과정이 부실하다면 콘텐츠 발행과 승인 절차를 기획하고 점검하는 데 특히 노력을 기울여야겠지요. 편집 일정을 이용하면 진행 중인 콘텐츠 개발과 관리는 물론이고, 콘텐츠 제작자와 전사적(全社的)인 커뮤니케이션 전략을 담당하는 사람이 함께 정기적으로 콘텐츠 전략을 논의할 수 있는 발판이 마련될 것입니다.

그러나 노련한 내부 편집자를 대체할 수 있는 툴은 어디에도 없습니다. 만약 고객이 수십 페이지 이상의 콘텐츠를 만들고 관리할 것이라면 손쉽게 운영해줄 편집자나 내부 콘텐츠 전략가가 필요할 것입니다. 커뮤니케이션이나 웹개발에 참여한 적이 있는 직원은 이 작업에 알맞은 자격을 갖추고 있을 것입니다. 직원을 추가로 고용해야 할 수도 있습니다. 어떤 방법을 취하더라도 컨설팅 업무가 끝난 후에는 콘텐츠 운영을 맡을 사람이 반드시 필요합니다.

내부의 관점

조직 내에서 콘텐츠 전략 업무를 하는 사람은 대개 책임 편집자와 유사한 역할을 하는 경향이 있습니다. 그들은 새로운 주제와 아이디어의 커뮤니케이션을 계획하고 예측하며, 일정을 관리하고, 작가나 콘텐츠 제작자들과 협업합니다. 이들은 디자이너, 프로그래머, 프로젝트 매니저, 비즈니스 매니저, 마케팅팀, 고위 관계자, 인사관리팀, 이벤트 기획자의 역할을 합니다. 이해관계자를 비롯해 콘텐츠를 제작, 수정, 승인, 발행하는 데 필요한 인력과 함께 일하며, 콘텐츠를 주기적으로 평가하고 최종적으로 수정, 삭제되는 것을 확인하는 업무도 합니다.

일반적으로 콘텐츠 관리 업무는 다음을 포함합니다.

- 모든 콘텐츠에 대한 정기적인 편집 검토
- 지속적인 트래픽과 검색 빈도 분석
- 커뮤니티 검수 및 댓글 논쟁과 소셜 미디어 인터랙션 관리
- 주제 변경 사항에 대한 정의 및 새로운 캠페인 소개를 위한 편집 계획
- 지속적인 번역과 지역화(地域化) 작업

더 많은 조직이 스스로를 콘텐츠 발행인이라고 인지할수록 편집 리더쉽은 실용적인 콘텐츠 전략을 강화시킬 수 있습니다.

평가에 대한 조언

콘텐츠 전략에서 지속적으로 콘텐츠를 평가하고 정리하는 것은 시작에 불과합니다. 앞으로도 몇 년간은 수십 가지 새로운 기술과 기법이 쏟아져 나올 것이며, 이 기술들은 급속도로 표준 예제가 될 것

입니다.

더 자세히 알고 싶다면 콜린 존스의 《Clout》(크리스마스 선물과도 같은 이 책을 꼭 읽어보시기 바랍니다)에서 세 장에 걸쳐 소개하는 콘텐츠 평가와 정리, 그리고 이 책의 2장에서 추천한 피터슨의 책 《Web Analytics Demystified》와 《The Big Book of Key Performance Indicators》를 읽어보세요.

맺음말

어떤 '콘텐츠 전략'을 세워야 하는지 바로 알려주는 매뉴얼은 없다는 말로 이 책 1장의 문을 열었습니다. 만약 그런 실전서가 있다면 콘텐츠 전략 작업이 훨씬 쉽겠지만 대신 우리에게는 원칙과 목표, 접근법, 도구가 있습니다.

우리가 가지고 있는 이러한 요소를 신경세포와 시냅스Synapses라 하고 나머지 부분은 두뇌를 구성한다면 이해하기 쉬울 것입니다. 우리가 사고하도록 하는 화학적·전기적 자극은 뇌의 구조를 넘나듭니다. 하지만 이러한 신경세포가 뇌 구조 자체를 나타내는 것은 아니지요. 이와 마찬가지로 이 책에서 말하는 가치, 접근법, 절차 역시 '콘텐츠 전략' 그 자체를 뜻하는 것은 아닙니다. 하지만 콘텐츠 전략은 이러한 요소들을 조합하여 만들어냅니다.

우리의 목표

10년 전 '콘텐츠'는 대부분 전형적인 인쇄 절차를 거쳐 발행되거나 선구적인 웹 전문작가 또는 웹편집자 1세대에 의해 만들어졌습니다. 오늘날에는 이러한 분야의 경계가 불분명해져서 웹, 인쇄물, 다양한 매체를 이용한 소셜 네트워크 시스템과 스마트폰 어플리케이션에서도 콘텐츠를 발행하고 있습니다. 카피라이터에서 데이터 전문가에 이르기까지 다양한 배경 지식을 가진 사람도 콘텐츠를 만들고 관리합니다.

저는 이러한 현상을 보면서 커뮤니케이션이 지속적으로 진화하고 있다고 생각합니다. 또한 조직의 커뮤니케이션 전략과 전사적(全社

的)인 정보 관리 및 콘텐츠 전략 간의 경계가 더욱 모호해질 것이고 결국에는 그 경계가 사라질 것이라고 봅니다. 이러한 현상이 지속될수록 우리의 절차와 도구도 변화하는 고객의 니즈를 만족시키며 진화할 것이고, 새로운 콘텐츠 유형을 받아들이게 될 것입니다. 이것이 어떤 의미인지 현재로서는 정확하게 예측할 수 없습니다.

독자들 또한 불확실한 미래의 콘텐츠 세계에서 살게 될 것입니다. 아마 몇 년의 호황기 그리고 그다음에 뒤따르는 쇠퇴기를 거치겠지요. 하지만 여기에는 주변에서 어떤 일이 일어나든, 앞으로 수십 년 동안 어떤 난관에 부딪치든 일관되게 지속될 것이 있습니다. 바로 이 책에서 말하는 것들, 특히 1, 2장에서 언급한 것만큼은 지속될 것입니다.

먼 훗날 도우미 로봇과 하늘을 날아다니는 차가 출현하는 세상이 오더라도 우리 스스로 업무의 기본이 되는 원칙을 잘 이해한다면 콘텐츠와 사용자의 입장을 잘 대변할 수 있을 것입니다.

콘텐츠 전략, 어떻게 시작할까?

콘텐츠 전략에는 작은 비밀이 있습니다. 처음부터 콘텐츠 전략 분야에 발을 들여놓은 사람은 거의 없다는 것입니다. 대개 관련 분야나 다른 분야에서 마음에 안 드는 콘텐츠를 가지고 한참 동안 씨름하다가 더 나은 콘텐츠를 만들어보고자 여기까지 오게 된 사람이 많습니다. 이러한 배경은 콘텐츠 전략 업무를 하고 싶어 하는 사람에게 좋은 뒷받침이 되기도 하지만 그렇지 않을 수도 있습니다.

좋은 점은 콘텐츠 전략 분야에 발을 들일 수 있는 길이 많다는 것입니다. 반면 하나의 명확한 길이 없다는 단점이 있습니다.

역설적으로 '콘텐츠 전략 분야의 경험'을 위한 최고의 방법은 현재 직무와 상관없이 실제로 콘텐츠 전략을 시작해보는 것입니다. 예를 들어 콘텐츠 전략가로서 일하는 데 관심은 있지만 웹콘텐츠를 많이 다루어본 경험이 없다고 가정해봅시다. 비슷한 분야에서 경험을 쌓았다면 필요한 관련 기술을 거의 가지고 있을 것입니다. 최소한 다른 두 분야에 대해 더욱 관심을 가지고 공부해보고 싶기도 할 테고요. 콘텐츠 전략은 비교적 젊은 분야로, 콘텐츠 전략가로 일하던 소수의 사람이 세운 원칙을 토대로 이제 막 걸음마를 시작했습니다. 콘텐츠 전략 분야로 옮기는 사람은 대부분 관련 분야의 동등한 위치부터 신입 수준의 글쓰기, 편집, 디자인, 프로젝트 코디네이션에 이르기까지 여러 가지 역할을 할 것입니다.

여러분이 콘텐츠 전략 분야에 오기 전에 어떤 분야에 있었든 상관없이 다음과 같은 몇 가지 자격은 필수입니다. 웹을 좋고 싫은 감정이 엇갈리는 애증으로 대하면 안됩니다. 물론 가끔 싫어질 수는 있지만 웹은 항상 여러분과 같은 핏줄임을 잊지 마세요. '맞다'는 기준이 항상 변할 수도 있다는 것을 이해해야 하며, 동시에 정확한 업무 처리에 신경 써야 합니다. 사람들과의 관계가 좋아야 함은 물론이고, 빠르게 변화하는 조합과 형태를 파악하는 능력이 특히 뛰어나야 합니다. 정보 설계에 대한 기초도 탄탄해야 합니다. 그리고 디자인과 프런트 엔드 프로그래밍에 관심을 쏟을 수 있을 정도로 두 분야에 대해 충분히 알고 있어야 합니다.

아! 가장 중요한 것으로 유머를 빼놓을 수 없습니다. 재미가 없으면 왠지 모르게 일이 잘 진행되지 않더군요.

콘텐츠 전략가가 필요하다

이러한 콘텐츠 전략이 자신의 분야처럼 여겨지고 관련 기술도 갖추었다고 생각하십니까? 그렇다면 콘텐츠 전략가가 되는 가장 쉬운 방법이 있습니다. 바로 자신이 하고 싶은 일부터 시작해서 이 일을 해낼 수 있다는 것을 증명하는 것입니다.

웹 분야에서 일하지 않는 사람이라면 자신이 속한 분야에서 최대한 웹에 가까운 작업부터 시작해보세요. 대학을 갓 졸업한 사회 초년생으로 콘텐츠 전략과 관련된 일을 하고 싶다면 웹편집자, 온라인 마케터, 웹 전문가 또는 데이터베이스 전문가가 되는 직업을 찾아보세요.

콘텐츠 전략은 몹시 친근하면서 말 많은 규칙과도 같습니다. 콘텐츠 블로그에서 벌어지는 토론을 보거나 컨퍼런스에 참석해서 사람들을 만나고, 콘텐츠 전략 관련 책과 잡지 기사를 읽으면 콘텐츠 전략 분야에 어떻게 발을 들여놓을지 감이 올 것입니다. 콘텐츠 전략 분야에는 실로 여러분과 같은 사람이 필요하고, 혼자서 할 수 있는 일보다 여럿이 함께 할 수 있는 일이 훨씬 많습니다. 어서 문을 두드리세요!

감사의 글

제가 이 책을 쓸 수 있도록 도와주고 출간하기까지 함께한 A Book Apart의 멋진 동료들에게 감사드립니다.

웹에서 무엇이 옳고 그른지 항상 중심을 잃지 않고 나를 무한히 지지해준 제프리Jeffrey.
글밖에 모르는 내게 가장 많은 영감을 준 디자이너이자 콘텐츠의 열렬한 지지자, 제이슨Jason.
걸출한 카피 편집자이자 웹 발행 업계에서 영원히 중요한 위치를 차지할 크리스타Krista.
특히 멋진 편집과 일관된 지원을 아끼지 않았던 맨디Mandy.

이 책은 콘텐츠 전략 커뮤니티와 관련 분야 전문가들의 도움이 없었다면 세상의 빛을 보지 못했을 것입니다. 브레인트래픽사의 크리스티나 할버슨과 멜리사 래치의 작업을 든든한 버팀목으로, 이안 알렉그젠더Ian Alexander, 릭 앨런Rick Allen, 렐리 아네트 베이커Relly Annett-Baker, 라헬 앤 베일리Rahel Anne Bailie, 마고 블룸스테인Margot Bloomstein, 제임스 캘런James Callan, 메건 케이시Meghan Casey, 리즈 단지코Liz Danzico, 대니얼 에이잔스, 폴 포드Paul Ford, 클린턴 포리Clinton Forry, 애덤 그린필드Adam Greenfield, 맷 그로키Matt Grocki, 더밸러 핸리Dervala Hanley, 휘트니 헤스Whitney Hess, 리처드 잉그럼Richard Ingram, 로버트 K. 젠킨스 3세Robert K. Jenkins III, 니콜 존스Nicole Jones, 조너선 칸Jonathan Kahn, 레이쳴 러빈저, 제프리 매킨타이어Jeffrey MacIntyre, 캐런 맥그레인Karen McGrane, 일리저버스 매구안Elizabeth McGuane, 팀 미니Tim Meaney, 크레이그 모드Craig Mod, 일리저버스 슐라터Elizabeth Schlatter, 랜들 스네어Randall Snare, 캐럴린 우드Carolyn Wood,

리치 지아드Rich Ziade, 그리그 그 외 이름을 다 거론할 수 없는 많은 사람에게 큰 도움을 받았습니다.

특히 세심한 조언과 검토가 큰 힘이 되었던 콜린 존스와 티파니 존스 브라운Tiffani Jones Brown에게 감사의 인사를 전합니다. 로버트Robert, 어시너Athena, 윌Wil은 이 세상에 태어난 것만으로도 고마운 일입니다.

마지막으로 높은 책장에서 뛰어내리겠다는 협박을 해대며 원고를 백만 번도 더 읽어주고 내 인생을 너무나도 즐겁게 해준 PJ, 정말 고마워요.

참고자료

참고문헌과 주요 커뮤니티 웹사이트를 정리해보았습니다. 책을 쓰면서 참고하고 추천한 수십 개의 블로그, 블로그 포스트, 온라인 잡지 기사를 전부 다 싣지는 않았습니다. URL은 지속적인 관리와 피딩이 필요하므로 유지될 수 있도록 온라인에 정리해두는 것이 가장 좋습니다. 주제별로 정리한 URL은 http://incisive.nu/elements에서 찾아볼 수 있습니다.

콘텐츠 전략 : 기초·도구·기법

콘텐츠 전략을 시도해보고 싶다면 다음 중 어떤 책을 골라 읽어야 할지 고민하지 않으셔도 됩니다. 크리스티나 할버슨과 콜린 존스의 책으로 시작하세요.

앤 핸들리[Ann Handley]와 C. C. 채프먼[C. C. Chapman] 지음, 정수진 옮김, 《콘텐츠 룰: 소셜 시대, 사람을 모으는 콘텐츠 전략의 모든 것[Content Rules: How to Create Killer Blogs, Podcasts, Videos, Ebooks, Webinars (and More) That Engage Customers and Ignite Your Business]》, 제이펍, 2012.

크리스티나 할버슨 지음, inmD 옮김, 《웹 컨텐츠 전략을 말하다》, 에이콘출판, 2010.

콜린 존스, 《Clout: The Art and Science of Influential》, Web Content, California: New Riders, 2011.

앤 로클리, 《Managing Enterprise Content: A Unified Content Strategy》, California: New Riders, 2003.

리처드 시필드Richard Sheffield, 《The Web Content Strategist's Bible》, Georgia: CLUEfox Publishing, 2009.

〈A List Apart〉 지의 콘텐츠 전략 섹션 : http://alistapart.com/topics/content/content-strategy/

구글Google 지식 공유 서비스 '놀Knol' 내의 '콘텐츠 전략' : http://knol.google.com/k/content-strategy

구글 그룹스Groups 서비스 내의 '콘텐츠 전략 그룹' : http://groups.google.com/group/contentstrategy/

필수적인 교차 훈련

웹에서 일하려면 웹사이트를 만드는 데 필요한 원칙을 이해하고 있어야 합니다. 이러한 원칙은 작업하는 데 속도를 내줄 것입니다.

댄 M. 브라운Dan M. Brown, 《Communicating Design: Developing Web Site Documentation for Design and Planning》 제2판, California: New Riders, 2010.[1]

---

[1] 제1판이 《UX 디자인 커뮤니케이션 : 성공적인 UX 전략과 산출물을 위한 노하우》(NHN UX Lab 옮김, 위키북스, 2008)로 출간됨.

제시 제임스 개러트Jesse James Garrett 지음, 방수원 옮김, 《경험디자인의 요소》 한솜미디어, 2003.

스티브 크룩Steve Krug 지음, 김지선 옮김, 《상식이 통하는 웹사이트가 성공한다Don't Make Me Think: A Common Sense Approach to Web Usability》 제2판, 대웅, 2006.

피터 모빌Peter Morville과 루이스 로젠펠드Louis Rosenfeld 지음, 김수 옮김, 《인포메이션 아키텍처 : 효율적인 웹사이트 구축을 위한 정보설계 지침서Information Architecture for the World Wide Web: Designing Large-Scale Web Sites》 제2판, 인사이트, 2011.

재니스 (지니) 레디시Janice (Ginny) Redish, 《Letting Go of the Words: Writing Web Content that Works》, San Francisco: Morgan Kaufmann, 2007.

제프리 젤드먼Jeffrey Zeldman과 이단 마콧Ethan Marcotte, 《Designing with Web Standards》 제3판, California: New Riders, 2009.[2]

영향력 : 편집

편집 작업의 진수는 스타일 가이드나 문법의 정확성에 있는 것이 아니라, 사람들과 좋은 관계를 맺고 위기를 관리하며, 사용자의 입

---

[2] 제2판이 《제프리 젤드만의 웹표준 가이드》(이준 옮김, 위키북스, 2008)로 출간됨.

장을 대변하는 역할에 있습니다. 이 세 가지 역할은 책에서 배울 수 없더라도 도움이 될 것입니다.

레오나드 S. 마커스^{Leonard S. Marcus}, 《Dear Genius: The Letters of Ursula Nordstrom》, New York: HarperCollins, 2000.

어서 플러트닉, 《The Elements of Editing》, New York: Collier Books, 1982.

윌리엄 스트렁크 2세^{William Strunk, Jr.} 지음, E. B. 화이트^{E. B. White} 엮음, 《The Elements of Style》 제4판, New York: Longman, 1999.[3] 스트렁크의 1918년 출간물 또한 훌륭합니다. 원본은 http://en.wikisource.org/wiki/The_Elements_of_Style에서 볼 수 있습니다.

영향력 : 큐레이션

우리는 정보를 보관하거나 교육적으로 흥미로우면서 깨달음을 주는 박물관 관련 종사자들에게서 많은 것을 배울 수 있습니다. 아래의 책들은 실전에서 이론에 이르기까지 큐레이션 분야를 멋지게 소개하고 있습니다.

베티나 카보넬^{Bettina Carbonell} 엮음, 《Museum Studies: An Anthology of Contexts》, Massachusetts: Wiley-Blackwell, 2003.

---

[3] 원본이 《영어 글쓰기의 기본》(곽중철·조서연·김지양 옮김, 인간희극, 2007)으로 출간됨.

제임스 쿠노^{James Cuno}, 《Whose Muse?: Art Museums and the Public Trust》, Princeton: Princeton University Press, 2006.
니나 사이먼^{Nina Simon}, 《The Participatory Museum》, Museum 2.0, 2010.
원본은 http://participatorymuseum.org/에서 볼 수 있습니다.

영향력 : 마케팅과 수사법

콘텐츠 전략에 관한 수많은 책, 기사, 포스트 등은 설득의 필요성을 다루고 있습니다. 더 깊이 있는 접근이나 수사법을 다루는 윤리 규정에 대해 알고 싶다면 다음의 책들로 시작해보세요.

퍼트리셔 비젤^{Patricia Bizzell}, 《The Rhetorical Tradition: Readings from Classical Times to the Present》, New York: Bedford/ St. Martin's, 2000.

제임스 콘저^{James Conger}, 《The Necessary Art of Persuasion》, Massachusetts: Harvard Business School Press, 2008.
원본은 http://annbadillo.com/leadership/files/necessary_art_persuasion_jay_conger.pdf에서 볼 수 있습니다.

영향력 : 정보 과학

정보 설계 기초 다음에 나오는 필수적인 교차 훈련에 대한 내용과 더불어, 다음의 책과 사이트에는 콘텐츠와 기술이 교차하는 미묘하고도 흥미로운 영역이 소개되어 있습니다.

앤 로클리, 스티브 매닝Steve Manning과 찰스 쿠퍼Charles Cooper, 《DITA101: Fundamentals of DITA for Authors and Managers》 제2판, Ontario: The Rockley Group, Inc., 2010.

DITA XML.org : http://dita.xml.org/

디지털 큐레이션 국제 저널International Journal of Digital Curation : http://ijdc.net/index.php/ijdc

디지털 큐레이션 센터The Digital Curation Centre : http://www.dcc.ac.uk/

인덱스

ㄱ

검색엔진 최적화 SEO 42, 48
결과물 20, 39, 44, 49, 52
구텐베르크 Gutenberg 16, 40

ㄷ

댄 잠보니니 Dan Zambonini 26
데이비드 리바이 스트라우스
David Levi Strauss 25
도널드 노먼 Donald Norman 6
디자인과 인간 심리 The Psychology of Everyday Things 6

ㄹ

로고스 logos 33
르네 다르농쿠르 René d'Harnoncourt 26

ㅁ

마이클 프라이드 Michael Fried 26
마케터 32-38
매체 전략 channel strategy 38, 47
맨디 브라운 Mandy Brown 29
메시지 66-67
메타데이터 metadata 31, 41, 47, 70
멜리사 래치 Melissa Rach 57, 86

ㅂ

방법론 Methodologies 45-47, 49-50
보도니 Bodoni 16
분류법 Taxonomies 39, 48

ㅅ

사명 7, 10
사용자 리서치 51, 53, 58-59
사용자 중심적 6-8, 62
사용자 프록시 60
사용자 입장 29, 55
사이트맵 site maps 39, 61, 70
선두 척후병 point man 15
성과 측정 37, 48
솔 바스 Saul Bass 16
수사법 33-36
수준 검증 61-62
스타일 가이드 9, 71
스토리텔링 20-21

ㅇ

아리스토텔레스 Aristotle 33-34
안느 다르농쿠르 Anne d'Harnoncourt 26
앨런 튜링 Alan Turing 16
어서 플러트닉 Arthur Plotnik 18
업무 흐름도 workflow 8, 23, 47
에릭 T. 피터슨 Eric T. Peterson 37
에토스 ethos 33
와이어프레임 wireframes 39, 67-72
워드프레스 WordPress 41
웹 컨텐츠를 말하다 Content Strategy for the Web 18, 57, 67, 90
웹마스터 32, 40
이해관계자 stakeholders 57-58
인터뷰 26

ㅈ

접근성 accessibility 42, 47, 71
정보 과학 information science 38-39, 95
정보 설계 IA, information architecture 39-40

제안 요청서 RFP 56
제임스 본드 2
제프리 맥킨타이어 Jeffrey MacIntyre 22

ㅋ

콘텐츠 관리 12, 23, 40-41, 78-79
콘텐츠 목록 61
콘텐츠 템플릿 71-73
콜린 존스 Colleen Jones 34, 80, 88
큐레이터 curator 25-31
크리스티나 할버슨 Kristina Halvorson 57-58, 66, 88
키메라 Chimera 16

ㅌ

트래픽 분석 46, 51, 63
팀 버너스 리 경 Sir Tim Berners-Lee 16

ㅍ

파토스 pathos 33
페르소나 personas 48, 51, 55, 60, 62
편집 일정표 23, 48, 52
평가 36-37, 46, 62-63, 81
폴라 셰어 Paula Scher 16
플라톤 Plato 32

ㅎ

현재성 presentness 26

A

A List Apart 29, 91
accessibility 47
Alan Turing 16
Anne d'Harnoncourt 26
Aristotle 33
Arthur Plotnik 18

B

Bodoni 16

C

channel strategy 37
Chimera 16
Clout 36, 81, 90
Colleen Jones 34
Content Strategy for the Web 25
curator 25
Dan Zambonini 26
David Levi Strauss 25
Donald Norman 6

E

Eric T. Peterson 37
ethos 33

G

Gutenberg 16

H

HTML 40

인덱스 **97**

I

IA, Information Architecture 39, 92
information science 39

J

Jeffrey MacIntyre 22

K

Kristina Halvorson 18

L

logos 33

M

Mandy Brown 29
Melissa Rach 57
metadata 31
Methodologies 45
Michael Fried 26

P

pathos 33
Paula Scher 16
personas 48
Plato 32
point man 15
presentness 26

R

René d'Harnoncourt 26

RFP 56

S

Saul Bass 16
SEO 42
Sir Tim Berners-Lee 16
site maps 39
stakeholders 57

T

Taxonomies 48
The Big Book of Key Performance Indicators 37
The Elements of Editing 19, 93
The Psychology of Everyday Things 6

W

Web Analytics Demystified 37
wireframes 39
WordPress 41
workflow 8

A BOOK APART 소개

웹디자인은 다방면의 폭넓은 지식과 고도의 집중력을 필요로 하는 작업입니다. 이 책은 웹사이트 제작자를 위한 것으로, 웹디자인과 관련된 최신 이슈와 필수적인 주제들을 멋스럽고 명료하게, 무엇보다 간결하게 다루고 있습니다. 디자이너와 개발자들은 낭비할 시간이 없기 때문입니다.

A Book Apart 책 시리즈는 까다로운 주제를 좀 더 쉽게 이해할 수 있도록 실마리를 제공하여 궁금증을 빠르게 해결해주고, 실제 작업에 활용할 수 있도록 하는 것을 목표로 합니다. 웹의 발전을 위해 전문가들에게 필요한 툴을 제공하고자 하는 우리의 의지를 성원해 주셔서 감사합니다.

저자 소개

에린 키산Erin Kissane은 미국 뉴욕시와 오레곤 주의 포틀랜드에서 활동하는 콘텐츠 전략가이자 편집자입니다. 그녀는 10여 년간 〈A List Apart〉지의 편집자 및 프리랜서 편집자로 일하다 지금은 〈Happy Cog Studio〉의 편집장으로 있으면서 콘텐츠 전략 컨설턴트 회사인 브레인트래픽사에서 여러 콘텐츠 프로젝트를 이끌고 있습니다(케이크도 먹으면서 말이죠!). 일을 하지 않을 때면 좋아하는 커피와 책에 빠져 지내는데, 1920년대와 1930년대를 아우르는 사색적이고 모던한 소설을 즐겨 씁니다. 그녀에 대해 더 알고 싶다면 블로그(Incisive.nu.)를 방문해 보세요.

웹액츄얼리 발간 도서

글로벌 모던 웹디자인 트렌드
스매싱 북
스매싱 미디어 저

국내 최초 워드프레스 활용 가이드
워드프레스 제대로 파기
크리스 코이어, 제프 스타 저

아름다운 웹사이트 만들기 시리즈 ❶
웹디자이너를 위한 HTML5
제레미 키스 저

아름다운 웹사이트 만들기 시리즈 ❷
웹디자이너를 위한 CSS3
댄 시더홈 저

아름다운 웹사이트 만들기 시리즈 ❹
반응형 웹디자인
이단 마콧 저
발간예정